Andrea Juliane Bitzer
mit Lisa Bitzer

GREEN REBELS

Frauen und ihr Traum
von einer besseren Welt

HarperCollins

1. Auflage 2021
Originalausgabe
© 2021 by HarperCollins in der
Verlagsgruppe HarperCollins Deutschland GmbH, Hamburg
Gesetzt aus der Sabon
von GGP Media GmbH, Pößneck
Druck und Bindung von CPI books GmbH, Leck
Printed in Germany
ISBN 978-3-7499-0116-6
www.harpercollins.de

INHALT

ANFANG ODER
GRÜN IST DIE HOFFNUNG

Es ändert sich was in der Welt. Und zwar nicht nur zum Schlechten. Zwar steuert die Menschheit nach wie vor und in viel zu schnellem Tempo in eine weitere Krise, die alle bisher dagewesenen beinahe harmlos aussehen lässt, aber dennoch tut sich was, im Kleinen wie im Großen. Es fing mit einem fünfzehnjährigen Mädchen vor dem schwedischen Parlament an – und hört bei großen Autokonzernen, die bis 2030 keine Verbrennungsmotoren mehr herstellen wollen, noch lange nicht auf.[1]

Soziales und ökologisches Engagement findet nicht nur dann statt, wenn es in den Nachrichten besprochen wird. Es ist überall, an jeder Ecke. Der vegane Burgerimbiss im Schanzenviertel Hamburgs. Der Unverpackt-Laden in Worms. Initiativen, die »missratenes« Gemüse vor dem Wegwerfen retten. Stipendien, die grüne Start-ups fördern. Es sind nicht mehr nur ein paar vereinzelte Ökofreaks mit Jutebeutel, die sich eine bessere Welt wünschen. Immer mehr Menschen fragen sich, in welchem Zustand sie den Planeten ihren Nachkommen hinterlassen wollen. Sie entscheiden, nicht mehr oder nur noch wenig zu fliegen, überdenken ihren Fleischkonsum, wechseln zu Ökostromanbietern und kaufen Mode von fairen Labels oder steigen vollständig auf Secondhand um.

Wenn wir uns privat mit nachhaltigen Lösungen und der gerechten Verteilung natürlicher Ressourcen beschäftigen, bleibt es nicht aus, dass wir uns zwangsläufig auch in unserem beruflichen Umfeld irgendwann die Frage stellen: Was machen wir hier eigentlich? Und warum machen wir es nicht genauso, nur in grün und gerecht? Welchen Sinn hat meine Arbeit? Wieso gehe ich da hin? Und wo will ich eigentlich sein?

Auch ich stellte mir eines Tages diese Frage. Zu diesem Zeitpunkt arbeitete ich seit mehreren Jahren in einem der größten Textilunternehmen Deutschlands und war als Produktmanagerin für Damenoberbekleidung verantwortlich. Seit Längerem spürte ich, dass mein Job und meine innere Einstellung nicht mehr zueinanderpassten. Umweltschutz war mir schon immer wichtig gewesen. Seit vielen Jahren lebte ich vegetarisch. Ich berechnete und kompensierte meinen CO_2-Fußabdruck, ehe ich eine Reise plante. Für meine Masterarbeit im Modestudium hatte ich sogar eine nachhaltige Kollektion entworfen. Trotzdem arbeitete ich für eine Marke, die unter dem Motto »Jede Woche eine neue Welt« Unmengen von nützlichen und leider auch weniger nützlichen Produkten auf den Markt brachte.

Wie ging das zusammen? Hatte ich mir nach dem Studium nicht vorgenommen, in einem Unternehmen zu arbeiten, das in allen Abteilungen und vor allem in seiner Lieferkette Verantwortung übernimmt? Was war passiert?

Ich will ehrlich sein: In den ersten Berufsjahren hatte ich mein Interesse an nachhaltigen Themen einfach hintangestellt. Ich lebte in einer wunderschönen Zweizimmerwohnung in Hamburg-Winterhude, fuhr in tolle Urlaube und genoss es, das Geld, das ich in sechzig Stunden die Woche verdiente, für schöne Dinge auszugeben, um mich selbst zu belohnen. Und immerhin war ich Vegetarierin. Es stellte für mich keinen Widerspruch dar, einerseits auf das Tierwohl Rücksicht zu nehmen und andererseits für ein verlängertes Wochenende mit meinen beiden Schwestern nach Lissabon zu fliegen. Wir sind typische Millennials: Alles ist da, alles im Überfluss – Medien, Meinungen, Möglichkeiten. Nur die weltweiten Ressourcen können mit dem hohen Tempo, in dem sich unser Konsumrad dreht, längst nicht mehr mithalten.

Es liegt nicht in meiner Natur, von einem Tag auf den anderen das Handtuch zu werfen. Entscheidungen brauchen Zeit, um in mir zu reifen. Deswegen schrieb ich beim ersten Aufflackern meiner Zweifel auch nicht gleich die Kündigung, sondern versuchte, Veränderungen im Rahmen meiner Arbeit voranzutreiben. Ich beschäftigte mich mit nachhaltigen Produkten, kämpfte für die Einführung von Biobaumwolle in den Kollektionen, die ich betreute, und wurde Teil eines Projektteams, das sich für nachhaltige Textilien und ressourcenschonende Produktion einsetzte. Ich schaffte es sogar, zum Gesicht einer Kampagne zu werden, die die Bemühungen und Initiativen des Unternehmens im Textilbereich darstellte. Und dennoch hatte ich immer häufiger den bitteren Geschmack der Doppelmoral auf der Zunge.

Wie konnte ich mich einerseits für faire Produktionsbedingungen in Bangladesch und Biobaumwolle einsetzen, wenn ich andererseits einmal im Quartal nach Paris, Dubai oder London flog, um beim Storecheck die Trends der kommenden Saison aufzuspüren? Wie konnte ich »Jede Woche eine neue Welt« mit meinen immer stärker werdenden Gewissensbissen vereinbaren, die mir sagten, dass wir doch sowieso schon viel zu viel hatten, während andere Menschen auf dem Planeten nicht wussten, wie sie den nächsten Tag überleben sollten? Wie wollte ich dem Druck standhalten, einerseits gute Zahlen vorweisen zu müssen und andererseits nicht an der Zerstörung des Planeten teilzuhaben? War das nicht ein Paradox?

Wer zu lange gegen seine inneren Werte kämpfen muss, wird unglücklich, im schlimmsten Fall sogar krank. Es ist mühsam und kräftezehrend, Teil eines Systems zu sein, das mit den eigenen Überzeugungen kollidiert. Nach acht Jahren im Konsumtempel zog ich endlich die Reißleine. Ich war müde von den schleppenden Veränderungen, die das Unternehmen machte. Der Wandel hin zu einer nachhaltigen Produktion ist lang, häufig zäh und wird (wie so häufig in großen Firmen) von ordentlich Gegenwind begleitet. Ich war jedes Mal frustriert, wenn mal wieder die Kennzahl der Gewinnmaximierung das Argument der Nachhaltigkeit ins Aus katapultierte. Und ich fragte mich umso häufiger, ob das System Mode und Konsum, für das ich arbeitete, nicht komplett falsch ist. Es ging nichts mehr, ich war ausgebrannt und müde, gleichzeitig begierig und hungrig darauf, etwas wirklich *anders* zu machen.

In meinem Kopf wuchsen plötzlich die Ideen, die schon lange in mir keimten. Vielleicht würde ich einen kleinen fairen Concept-Store in der Osterstraße in Eimsbüttel eröffnen, wo ich mittlerweile wohnte. Vielleicht eine Secondhandboutique oder einen Unverpackt-Laden? Oder wie wäre es mit einer Art coolem Weltladen, in dem ich die fein gearbeiteten Produkte der Menschen aus aller Welt verkaufte, denen ich auf meinen zukünftigen Reisen begegnen wollte? Ich dachte auch darüber nach, mich als Nachhaltigkeitsberaterin selbstständig zu machen und (Mode-)Unternehmen auf einem Weg in eine grüne Zukunft zu begleiten. Plötzlich war so viel denkbar, dass ich nicht wusste, was ich als Nächstes tun sollte. Also entschied ich, erst einmal eine Pause einzulegen und herauszufinden, was ich wirklich wollte. Und so verwirklichte ich mir einen Traum, der schon lange in mir herumschwirrte: acht Monate durch Süd- und Mittelamerika reisen. Ein bisschen kam es mir tatsächlich so vor, als würde ich alles aufgeben und etwas ganz Neues gründen. Jedenfalls begleiteten mich alle Symptome der Gründung: das beklemmende Gefühl der Unsicherheit und die aufregende Lust auf einen Neuanfang. Aber große Dinge passieren nun einmal meist außerhalb der Komfortzone. Deswegen kündigte ich meine Stelle, vermietete die Wohnung auf Zeit und buchte ein Ticket nach Buenos Aires für ein halbes Jahr später.

Ich nahm mir vor, ab jetzt so fair und ressourcenschonend wie möglich zu leben, weshalb ich von diesem Moment an keine neuen Klamotten mehr kaufte, sondern nur noch Secondhand. In Südamerika selbst nutzte ich nur wenige Male den Flieger, den Rest der Strecke legte ich in Überlandbussen zurück. Die

Reise war lang, manchmal umständlich und meist mühsam, aber auf eine Art und Weise erfüllend, wie ich es nie zuvor erlebt hatte. Ich reiste nicht nur mit kleinstem Gepäck und einer minimalen Garderobe, ich versuchte auch, mich von den großen Touristenzentren fernzuhalten und die Kultur und Lebensweise der Menschen aus Brasilien, Chile, Kolumbien und Argentinien so nah und authentisch wie möglich zu erleben und gleichzeitig zu respektieren.

Acht Monate lang dachte ich über meine berufliche Zukunft nach. Klar war: In das alte System konnte und wollte ich nicht mehr einsteigen. Ich hatte den »point of no return« erreicht, von dem aus man nicht mehr zurückgehen kann. Zudem hatte ich in den vergangenen Monaten erlebt, wie beglückend und zufriedenstellend es ist, seine Zeit nur mit den Dingen zu füllen, die einem wirklich wichtig sind. Eine eigene Gründung klang verlockend. Aber hatte ich wirklich das Potenzial, mich selbstständig zu machen? Verfügte ich über den langen Atem, den es braucht, eine Idee zu etablieren? Hatte ich die finanziellen Mittel? Das Know-how? Wer könnte mich unterstützen? Und überhaupt: Wie gründet man eigentlich?

Ich komme aus einer Familie der Selbstständigen, mein Vater ist Arzt, meine Mutter Krankengymnastin, beide mit eigener Praxis, meine ältere Schwester arbeitet freiberuflich als Autorin. Lag mir Selbstständigkeit im Blut – oder könnte ich sie erlernen? Würde ich mir die Verantwortung zutrauen? Oder gäbe es jemanden, mit dem ich diese teilen könnte? War auch ein weniger radikaler Weg möglich?

So reizvoll ich die Idee fand, meine eigene Chefin zu sein und fortan nur noch selbst zu entscheiden, was ich wollte: Es gab etwas, was mich davon abhielt, mich an den Rechner zu setzen und ein Konzept für meine Ideen auszuarbeiten. Wie eine unsichtbare Kraft, eine leise Stimme im Kopf, die mich zweifeln ließ. Meine Gründungskonzepte kamen mir nicht einzigartig und ausgefeilt genug vor. Meine Finanzmittel waren begrenzt.

13

Mein persönliches Risiko zu hoch. Wer gründen will, so dachte ich, muss doch absolut und zu einhundert Prozent überzeugt davon sein, dass die Welt nur auf die eigene Gründung gewartet hat – oder?

Ich nahm mir vor, das Schicksal entscheiden zu lassen. Da mir eine brillante, mich und andere absolut überzeugende Idee fehlte, mich mit einem nachhaltigen Unternehmen selbstständig zu machen und eine grüne Rebellin zu werden, würde ich ein paar Bewerbungsrunden für ein Angestelltenverhältnis drehen – und wenn ich dort nichts fand, es mir nicht gefiel oder ich doch noch auf den rettenden Einfall meines eigenen Unternehmens kam, würde ich meine Selbstständigkeit vorantreiben.

Im Nachhinein frage ich mich heute manchmal, ob ich nicht nur einen Vorwand gesucht habe, um mich aus der Verantwortung zu ziehen. Denn auch wenn ich es nicht gern zugebe: Ich scheute vor allem das Risiko und fühlte mich der Verantwortung, ein Unternehmen zu führen, nicht gewachsen.

Wieder in Deutschland angekommen, recherchierte ich nach Stellenangeboten auf grünen Jobbörsen und setzte mich mit nachhaltigen Modeunternehmen auseinander, von denen es leider nur sehr wenige gab. Überraschenderweise stellte das für mich aber eher eine Erleichterung dar. Denn der Arbeitsmarkt ist so groß, und die Möglichkeiten sind dermaßen überwältigend, dass ich beinahe dankbar war, einen Filter anlegen zu können, der einen Großteil der potenziellen Arbeitgeber ausblendete, die nicht mehr zu meinen Überzeugungen passten.

Nach einigen Monaten und Bewerbungsgesprächen landete ich bei dem traditionsreichsten deutschen Unternehmen für faire und ökologische Mode. Ja, ich musste Abstriche machen. Die Entlohnung war geringer als beim Großkonzern, und auch der Firmensitz in Butzbach bei Frankfurt ist eine Herausforderung, wenn man vorher in Hamburg gelebt hat. Aber alles ist machbar, wenn der Wille groß genug ist.

Ich bin glücklich dort. Das Unternehmen produziert nicht nur vollkommen transparent und fair, es legt auch in allen Bereichen auf Nachhaltigkeit Wert: vom Bioessen in der Kantine über den klimaneutralen Versand der Kundenbestellungen bis hin zum E-Bike-Leasing für Mitarbeiter.

Dennoch ließ mich das Thema Selbstständigkeit nicht los. Warum war es mir so schwergefallen, den Schritt in die Gründung zu wagen? Mit einem eigenen Unternehmen hätte ich mir doch genau den Arbeitsplatz erschaffen können, von dem ich immer geträumt habe: eigenverantwortlich, werteorientiert und grün.

Dass in grünen Gründungen die Unternehmen der Zukunft liegen, davon bin ich überzeugt. Bis 2050 will Deutschland klimaneutral werden. Das geht nur, wenn Unternehmen sich nicht nur eine hübsche grüne Weste anziehen, sondern tatsächlich dafür sorgen, dass sie ressourcenschonend, fair und sozial gerecht produzieren. Nachhaltigkeit ist ein Megatrend, selbst Modegiganten wie Primark oder Zara bringen mittlerweile »conscious« Kollektionen raus – die jedoch, betrachtet man die ansonsten vorherrschenden Produktionsbedingungen, ein Tropfen auf dem heißen Stein sind, wenn nicht gar klassisches Greenwashing: Man tut so, als interessierte man sich plötzlich für Umwelt und Gesellschaft, initiiert ein nachhaltiges Projekt, dessen Einfluss verschwindend gering ist, medial und marketingtechnisch aber einiges hergibt, und macht ansonsten weiter wie gehabt. Das hat mit grünen Innovationen nichts zu tun.

Grüne Start-ups sollten sich nicht nur mit ein paar nachhaltigen Initiativen schmücken, sondern ihre gesellschaftliche und ökologische Wirkung bereits ihrer Unternehmensstrategie zugrunde legen. Bei einem Unternehmen der Green Economy ist Nachhaltigkeit mehr als ein hübsches Deckmäntelchen, sie spielt bereits bei der Gründung eine entscheidende Rolle. Unter »grün« versteht man übrigens nicht nur, dass ein Unternehmen auf Alukapseln beim Kaffee verzichtet und Papier zweimal bedruckt.

Ein grünes Unternehmen produziert und vertreibt ökologisch nachhaltige Produkte und Dienstleistungen, möchte gesellschaftlich und sozial eine Auswirkung haben und von Grund auf fair aufgestellt sein.

Aus dem Green Startup Monitor 2020 geht hervor, dass mittlerweile 21 Prozent aller Unternehmensgründungen Produkte und Dienstleistungen für den Umweltschutz liefern.[2] Allerdings beschränkt sich die Untersuchung auf Start-ups, das heißt Unternehmen, die jünger als zehn Jahre und (sehr) innovativ sind und ein (geplantes) Personal- und Umsatzwachstum vorweisen. In Deutschland treffen diese Kriterien aktuell auf etwa 6000 sogenannte grüne Start-ups zu, die mit ihren Produkten, Dienstleistungen oder Technologien einen konkreten Beitrag zum Umweltschutz leisten.

Genau hier wird die Betrachtung jedoch ungenau. Sehr viele grüne Gründer*innen in Deutschland sind nämlich allein und haben in absehbarer Zeit nicht vor, Personal einzustellen oder den Umsatz zu vervielfachen. Die meisten der Soloselbstständigen, Gründungsduos und -trios, die wir getroffen haben, fallen nicht unter diese Definition eines Start-ups – wie die wenigsten grünen Gründungen, vor allem in der Anfangszeit. Also werden sie auch nicht statistisch erfasst.

Genaugenommen ist das aber das kleinste Problem der grünen Gründer*innen, mit denen ich mich unterhalten habe. Grüne Start-ups und Unternehmen haben es nämlich nicht leicht in Deutschland. Sie werden für ihr Engagement seltener belohnt als Firmen, die auf Rendite und Skalierbarkeit setzen, aber den Aspekt der Nachhaltigkeit vernachlässigen. Und das, obwohl die »Erwartung für die Geschäftslage […] bei grünen Start-ups besser als bei nichtgrünen und viel besser als bei der etablierten Wirtschaft«[3] ist.

Was mich bei den Recherchen am meisten erstaunte: Mit über 20 Prozent liegt der Anteil der Gründerinnen bei grünen Start-ups deutlich über denen nichtgrüner Gründungen (da sind es gerade einmal 13 Prozent).[4] Wenn Frauen Unternehmen gründen, dann gründen sie also eher grün, auch wenn sie in der absoluten Zahl noch hinter den Männern zurückbleiben. Warum ist das so? Interessieren sich Frauen mehr für nachhaltige Unternehmensideen als Männer? Sind sie eher gewillt, ein langsameres Wachstum und eine schlechte Skalierbarkeit zu akzeptieren, auch zugunsten einer höheren Vereinbarkeit von Beruf und Familie? Haben Frauen durch ihre Mutterschaft oder ihr Geschlecht etwa eine veränderte Weltanschauung? Vielleicht ist es ja auch die Gesellschaft, die die Nachhaltigkeit auf Frauen abwälzt. Ist also die Rettung der Welt Frauensache?

Dieser Frage bin ich in dreizehn Interviews nachgegangen. Ich habe mit grünen Gründer*innen gesprochen, Green Rebels, die es gewagt haben, alles infrage zu stellen und etwas anders zu machen oder sogar das Scheitern in Kauf genommen haben. Manchmal zu Recht, manchmal zu Unrecht. Ich habe mit innovativen, kritischen und optimistischen Menschen gesprochen, über die Rolle der Frau in der Gesellschaft, die Zukunft des Arbeitsmarktes, die Notwendigkeit eines radikalen Kurswechsels, Hindernisse und Herausforderungen im Gründungsprozess, persönliche Motive und philosophische Gedanken. In jedem Gespräch wurde klar: Die Stereotypen Mann und Frau halten wir alle für überholt. Und dennoch brauchen wir ein Vokabular, wenn wir über bestimmte Verhaltensweisen und Naturelle, Schwächen und Potenziale sprechen wollen. Ich bin davon überzeugt, dass in jedem Menschen sowohl weibliche als auch männliche Anteile vorhanden sind, die ihre sehr individuelle Ausprägung durch Erziehung, Sozialisation und Persönlichkeit finden. Wenn wir das große Ganze betrachten wollen, müssen uns jedoch darauf verständigen, wie wir kommunizieren. Und solange die Gesellschaft Menschen in Männer und Frauen einteilt, müssen auch wir es tun, wenn wir über diese Gesellschaft reden. Daher spreche ich in diesem Buch von »Frauen« und von »Männern«, auch wenn ich eigentlich lieber über »Menschen« sprechen würde. Noch sind wir aber nicht an dem Punkt, an dem für alle dieselben Bedingungen gelten.

Obwohl in diesem Buch vor allem weibliche Gründer interviewt wurden, richtet es sich an alle. An Umweltbewusste, Nachhaltigkeitsfans, Jutebeutelträger, Gründungsinteressierte, Gründungserfahrene, Feminist*innen, Chauvinist*innen, Investor*innen, Utopist*innen, Visionär*innen und Macher*innen. An Mutige, Neugierige, Unerschrockene und Andersdenkende. Dieses Buch ist für alle da, genau wie die Welt, deren Teil wir sind.

Lasst uns anfangen, sie zu gestalten.

1
WENIGER IST MEER

Louisa Dellert // louisadellert.com

Der große russische Schriftsteller Fjodor Dostojewski sagte einmal: »Veränderung ist das, was die Leute am meisten fürchten.«

Das ist insofern bemerkenswert, weil die Welt, seitdem wir sie kennen, unaufhörlich im Wandel begriffen ist. Evolution bedeutet die fortschreitende Entwicklung großräumiger Zusammenhänge – und hätten sich unsere Vorfahren durch Mutationen nicht vom Affen zum Menschen weiterentwickelt, also gewandelt, würden wir heute noch in Höhlen sitzen und am Knochen nagen.

Mit Veränderungen kennt Louisa Dellert sich aus. Die gelernte Kauffrau für Bürokommunikation wollte im Jahr 2013 sportlicher und fitter werden, weshalb sie einen Instagram-Account erstellte, auf dem sie sich ausschließlich mit den Themen Fitness und Ernährung auseinandersetzte. Sie nahm ab, bekam einen athletischen Körper und wurde von ihrer täglich wachsenden Followerschaft dafür gefeiert. Louisa fuhr eine Zeit lang zweigleisig, arbeitete Vollzeit in ihrem »normalen« Beruf und befüllte in ihrer Freizeit ihr Profil mit Bildern und Storys. Bis es irgendwann so viel wurde, dass sie beides nicht mehr miteinander vereinbaren konnte. Ihr Blog war zudem dank Kooperationen und Werbekunden immer lukrativer geworden. Nach einigem Überlegen kündigte sie ihren Job und konzentrierte sich ausschließlich aufs Bloggen.

Doch immer wieder hatte sie mit gesundheitlichen Problemen zu kämpfen, fühlte sich schlapp und abgeschlagen. Zu diesem

Zeitpunkt wog sie gerade einmal 46 Kilo und hatte die Grenze zur Essstörung längst passiert. Sie ging zum Arzt, ließ sich untersuchen. Man fand ein angeborenes Loch in ihrem Herzen, das bislang keinen Ärger gemacht hatte, nun jedoch für gesundheitliche Probleme sorgte. Louisa wurde operiert und beschloss, fortan weniger über Sport und mehr über Selbstliebe zu bloggen. Denn so, wie es gewesen war, konnte es nicht weitergehen.

Dann fuhr sie in den Urlaub nach Malta. Als sie bei einem Tauchgang das ganze Ausmaß an Plastikmüll sah, der im Meer vor der Insel trieb, war sie entsetzt. Natürlich hatte sie sich wie andere auch bereits mit dem Problem der Umweltverschmutzung und dem drohenden Klimawandel auseinandergesetzt. Sie testete sich schon vorher durch das Angebot fester Seifen, um Plastik einzusparen, wenn auch eher aus Interesse denn aus dem Gefühl der Notwendigkeit. Doch so nah war sie den Auswirkungen unseres Superkapitalismus noch nie gekommen.

Der WWF geht aktuell davon aus, dass bis zu 12,7 Millionen Tonnen Müll im Meer schwimmen. Pro Minute wird eine Lastwagenladung in unsere Ozeane gekippt. Das, was wir an der Oberfläche sehen, ist im besten Wortsinn nur die Spitze des Eisbergs. Denn das meiste befindet sich in tieferen Gewässern oder landet auf dem Meeresboden. Aus den Augen, aus dem Sinn? Das ja. Doch der Müll kann sich auf natürliche Art nicht zersetzen. Er wird zerrieben, so lange, bis nur noch Mikropartikel von fünf Millimetern Größe übrig bleiben.[5] Dieses Mikroplastik, das sich auch in vielen Putzmitteln und Haarshampoos befindet, gelangt irgendwann in den Organismus von Fischen und anderen Meeresbewohnern – und landet damit langfristig auf unserem Teller. In den Verdauungstrakten von Kabeljau, Flunder und Makrele wurden bereits Plastikteile gefunden. Mehr als 60 Prozent aller Nordseegarnelen wiesen laut einer Untersuchung von Greenpeace Plastikfasern, Plastikgranulat oder Folienreste auf.[6] Wir essen also unseren eigenen Müll. Das ist nicht nur sehr gewöhnungsbedürftig, das ist auch gesundheitsschädigend.

Es bedeutet einen großen Unterschied, ob man von den Zuständen »beyond the sea« weiß – denn das tun viele – oder ob man auf einer schönen Mittelmeerinsel im Urlaub ist und beim Schwimmen Plastiktüten aus dem Weg schieben muss. Das Erlebnis war für Louisa so einschneidend, dass sie beschloss, erneut etwas zu verändern – diesmal noch radikaler.

Und so begann es.

Gründungsmythen und Ursprungsgeschichten sind in vielen Unternehmen der Stoff, aus dem die Identität gemacht ist. Manche Firmen werden in Garagen gegründet. Die einen entstehen aus der Niederlage, andere aus der Krise. Jede Unternehmung hat ihre eigene Geschichte, eine Art DNS, die die Identität, den Grundgedanken eines Unternehmens stiftet.

Mit irgendetwas muss man ja beginnen. Angeblich liegt jedem Anfang ein Zauber inne, und doch ist der erste Schritt häufig der schwerste. Es kommt vor, dass die zündende Idee, der geniale Einfall, wie der Blitz in das Hirn einschießt und man sofort weiß: Das ist es. Isaac Newton ging das so, als er in einem Päuschen unter einem Baum lag und plötzlich ein Apfel neben ihm auf die Erde fiel. Newton fragte sich: Warum fällt der Apfel eigentlich nach unten? Und entdeckte in der Mittagspause die Gravitation.

Einen Aha-Moment erlebte damals Louisa im Urlaub auf Malta. Vielleicht entdeckte sie nicht die Gravitation, doch sie kam zu einer entscheidenden Erkenntnis: *So kann es für mich nicht weitergehen.* Sie beschloss, nachhaltiger zu leben und zukünftig darauf zu achten, weniger Müll zu produzieren.

Doch bald schon stellte sie fest, dass es gar nicht so einfach ist, in unserem Alltag Plastikmüll zu vermeiden. Im Supermarkt ist beinahe alles verpackt. Zwiebeln in Netzen, Gurken in Folien, Nudeln, Joghurt, Reinigungsmittel, Pflegeprodukte … Wer ernsthaft Plastik einsparen möchte, bemerkt schnell, dass das verdammte Zeug einfach überall ist. Louisa ließ sich davon nicht entmutigen. Und sie hatte doch eine große Anzahl von Followern. Wieso das Thema also nicht auf den Tisch bringen?

Sie begann auf ihrem Account darüber zu schreiben. Das gefiel naturgemäß nicht allen – aber immer noch vielen. Und die, die blieben, zeigten sich begeistert. Denn Louisa traf einen Nerv mit ihrem neuen Lebenswandel. Immer mehr Leute begannen zu dieser Zeit ihren Konsum infrage zu stellen und suchten nach plastikfreien Alternativen – und Vorbildern, die sie inspirierten. Ehe Louisa es sich versah, wurde sie von den Medien zur Vorzeigefrau eines neuen Umweltbewusstseins auserkoren. Das ist zwar einerseits toll, weil sie mit aktuell mehr als 440 000 Followern[7] allein auf Instagram viele Menschen erreichen kann. Andererseits sind unter den 440 000 immer auch diejenigen, die nur darauf warten, dass sie einen Fehler macht.

Das Gefühl, unter ständiger Beobachtung zu stehen, war schon als Fitnessbloggerin belastend. »Damals war es so, dass ich immer gut aussehen musste. Ich musste überlegen, wann ich esse, wenn ich ein Sixpackbild machen wollte«, erzählt sie im Interview. Seitdem sich Louisa mit den Themen Nachhaltigkeit, Umweltschutz und Feminismus beschäftigt, bietet sie eine noch größere Angriffsfläche für Neid und Kritik. »Früher wurde ich auf mein Äußeres reduziert. Manchmal haben mich die Leute beleidigt mit: ›Du fette Leberwurst!‹ Heute sind es eher Sätze wie: ›Ich hoffe, du wirst vom Auto überfahren!‹ Das hat sich im Laufe der Zeit definitiv geändert, weil die Themen auf meinem Account heute andere sind als früher.«

In der Öffentlichkeit zu stehen und eine eigene Meinung zu haben, bedeutet in unserer Gesellschaft zwangsläufig, dass es Menschen gibt, die sich von diesen Meinungen angegriffen fühlen. Als grüne Influencerin stellt Louisa für das Publikum zudem eine viel größere »Gefahr« denn als Fitnessbloggerin dar. Sie möchte etwas verändern, die Augen öffnen, einen (Lebens-) Wandel hervorrufen. Das ist unbequem, und einigen tritt sie dabei auf die Füße. Die Anonymität des Internets bietet einen hervorragenden Nährboden für Beleidigungen jeder Art. Insbesondere Frauen sehen sich diesen Schmähschriften ausgesetzt.

Eine Studie des Kinderhilfswerks Plan International aus dem Jahr 2020 fand heraus, dass in 22 untersuchten Ländern 58 Prozent aller Mädchen und jungen Frauen zwischen 15 und 24 Jahren online bereits beleidigt oder belästigt wurden. In Deutschland ist die Zahl sogar noch höher und liegt bei 70 Prozent.[8] Digitale Gewalt ist hierzulande allgegenwärtig. Sie findet in Form von Bedrohungen, Diskriminierungen, sexuellen Belästigungen oder Beleidigungen und mehr statt und sorgt dafür, dass sich immer mehr der Betroffenen aus den sozialen Medien zurückziehen, nichts mehr posten (13 Prozent) oder sich sogar ganz abmelden (acht Prozent). Das bedeutet nicht nur weniger soziale, sondern auch mediale Teilhabe. Zudem ermittelte die Studie, die unter dem Namen »Free to be online? – Erfahrungen von Mädchen und jungen Frauen mit digitaler Gewalt« veröffentlicht wurde, dass mehr als 30 Prozent der Betroffenen mentalen oder emotionalen Stress verspüren. Der geht so weit, dass das Selbstbewusstsein eines Drittels aller befragten Studienteilnehmerinnen leidet.

Die Sorge, kritisiert zu werden, ist allgegenwärtig und treibt Louisa auch heute noch um. »Man sieht mich auch mal mit einem Einwegbecher auf der Straße, weil ich meinen Mehrwegbecher zu Hause vergessen habe. Ich will deswegen keine Angst haben müssen. Deswegen ist es mir wichtig, nach außen zu tragen, dass ich bezüglich Nachhaltigkeit gar nicht perfekt sein will. Oft setzt es mich unter Druck, wenn die Medien schreiben, dass ich *die* grüne Influencerin bin. Das bin ich nicht. Ich bin einfach nur Lou und beschäftige mich mit dem Thema. Ich will Anstöße und Motivation geben und den Ansprüchen solcher Titel wie Greenfluencerin gar nicht gerecht werden.«

Anfang der 2000er-Jahre entstand der Begriff des Influencers. Es begann damit, dass Nutzer sozialer Medien ihr Hobby zum Inhalt ihrer Postings machten und dafür Bestätigung von anderen bekamen, die sich für ein ähnliches Thema interessierten: Fitness, Kochen, Beauty, Reisen und so weiter. Im Laufe der Zeit entwickelte sich aus dem Hobby ein richtiger Vollzeitjob, dank Kooperationen und Werbeverträgen mit Unternehmen, die in den neuen Rolemodels von nebenan Potenzial erkannten, um ihre Produkte an die Konsument*innen zu bringen. Das klassische Empfehlungsmarketing war in der Neuzeit angekommen.

Heutzutage wird der Beruf des Influencers nach wie vor belächelt, selbst wenn man sich mittlerweile an mehreren Hochschulen dazu ausbilden lassen kann und 35 Prozent aller Jugendlichen angeben, diesen Beruf ergreifen zu wollen – auch weil er nach leicht verdientem Geld aussieht.[9] Fakt ist, dass es sich beim Influencing um einen tagesfüllenden, zum Teil sehr lukrativen, aber auch stressigen Job handelt. Influencer und Influencerinnen stehen ständig in der Öffentlichkeit, schreiben akribische Redaktionspläne und müssen ihre Community rund um die Uhr mit »Content« versorgen.

Laut einer Studie der Onlineplattform IndaHash von 2017 sind rund 68 Prozent der Influencer junge Frauen.[10] Sie prägen ihre zahlreichen Follower nicht nur in Stil- und Geschmacksfragen, sondern auch in politischen und gesellschaftlichen Belangen und sind Multiplikatoren, die aus unserem täglichen Leben nicht mehr wegzudenken sind.

Aber so schön die Frauenpower in der bunten Social-Media-Welt auch klingen mag, sie hat ihre Schattenseiten. Immer häufiger werden verletzende, oftmals verachtende und diskriminierende Kommentare hinterlassen. Dinge, die man niemals aussprechen würde, stünde der Mensch leibhaftig vor einem. Studien zeigen, dass vor allem weibliche Influencer der sogenannten Hatespeech ausgesetzt sind.[11] Und als wäre das nicht genug, macht der Gender-Pay-Gap auch vor diesem »Frauenberuf« nicht halt: Zwar wird die Rangliste der erfolgreichsten Influencer von Frauen angeführt, doch verdienen die männlichen Kollegen deutlich mehr.[12]

Louisa Dellert erwirtschaftete mit ihrem ersten Influencerjob im Fitnessbereich trotzdem genug, um Rücklagen zu bilden.

2018 gründete sie den Onlineshop Naturalou, wo nachhaltige Produkte von veganen Kondomen über Bienenwachstücher und festes Shampoo bis zu Eiswürfeln aus Edelstahl zu haben sind. Sie finanzierte den Shop zu hundert Prozent aus Ersparnissen. Und zwar ganz unbürokratisch, ohne Businessplan oder Finanzberatung. Nicht mal mit dem Steuerberater sprach sie vorher. Ganz unbedarft dachte sie sich:»Ich habe Geld auf dem Konto, das ich gerade nicht brauche. Das stecke ich in das Projekt und schaue, wie ich anfange. Glücklicherweise ist alles gut gegangen. Bei mir ist es häufig so, dass Dinge klappen, wenn ich auf meine Intuition höre.«

Der Shop wurde sehr gut angenommen, und die Arbeit wurde täglich mehr. Louisa spürte, dass sie bald Unterstützung brauchen würde, und fragte zwei Freundinnen, ob sie in das Projekt einsteigen wollten. Plötzlich im Team zu arbeiten war eine Umstellung – aber gut für Louisa. Mit einem Mal hatte sie nämlich mehr Zeit, außerdem brachten die Freundinnen Expertise aus anderen Bereichen mit. »Das musste ich lernen zu akzeptieren. Denn selbst wenn es deine besten Freundinnen sind, die ins Unternehmen einsteigen, ist es manchmal schwer, wenn die alles ummodeln wollen. Aber ich wollte einen frischen Wind und nicht nur meinen Tunnelblick. Letztlich ist es das Beste gewesen, was Naturalou passieren konnte.«

Louisa ist froh, mit zwei Menschen ihr Unternehmen zu leiten, die sie kennt. Denn selbst mit der besten Idee muss man erst einmal jemanden finden, der zu den eigenen ethischen Werten und der Ausrichtung des Projekts passt – und zur Arbeitsmoral natürlich. Der passende Partner oder die passende Partnerin wollen deshalb gut ausgesucht sein. Es kann dauern, bis man den oder die Richtige gefunden hat: »Wie beim Tinder-Date«, sagt Louisa lachend. »Deswegen rate ich, wenn du eine gute Idee hast, gründe allein, und wenn dann jemand dazukommt und es passt, dann mach das! Ich finde es super, wenn Teams gemischt sind, denn in jedem Bereich ist es schön, wenn alle Geschlechter vertreten sind und das Team divers ist. Dann kommen ganz andere Gedanken und Werte mit rein.«

Indem sie die Leitung des Onlineshops an die beiden Freundinnen abtrat, bekam Louisa auch die Gelegenheit, um sich um die Dinge zu kümmern, die ihr wichtig sind. Zum Beispiel ihr politisches Engagement. Denn irgendwann wurde ihr klar: Viele der Menschen, die sich für Nachhaltigkeit interessieren und versuchen, mehr Umweltbewusstsein in ihr Leben einziehen zu lassen, leben in einer Blase. Obwohl zwei Drittel aller Deutschen dem Umwelt- und Klimaschutz eine grundlegende Bedingung zuschreiben, um Zukunftsaufgaben zu bewältigen, und obwohl 93 Prozent die weltweite Umweltqualität als schlecht einstufen und gerade einmal 18 Prozent der Meinung sind, die Bundesregierung tue genug für die Umwelt[13], schlägt sich diese überwältigende Zustimmung noch nicht in einem veränderten Konsumverhalten oder einer nachhaltigeren Lebensgestaltung nieder. Ansonsten gäbe es mehr Vegetarier und Veganer, würden mehr Menschen auf ein eigenes Auto oder Flugreisen verzichten, stünden weniger Shampooflaschen im Drogeriemarkt. Gerade einmal 27 Prozent der Deutschen sind der Meinung, dass die Bürger*innen selbst bereits genug tun, um die Umwelt zu schützen. Die Zahlen legen nahe: Die Mehrheit erkennt die Notwendigkeit, einen Wandel einzuläuten. Aber den meisten scheinen die Mittel und Wege zu fehlen, genau diesen Wandel auch zu leben.

Liegt es daran, dass es einfacher ist, über Umweltschutz zu reden als ihn zu leben? Oder fehlt es an Angeboten? Ist »convenient« derart bequem, dass fair keine Chance hat? Macht es uns zu viel Angst, zu verzichten oder uns und unser Leben zu verändern? Es dauert zuweilen Jahre, bis sich Gewohnheiten ändern. Viel leichter ist es jedoch, wenn man Vorbilder hat. Menschen wie Greta Thunberg, Luisa Neubauer oder Louisa Dellert. Menschen, die nicht alles perfekt machen, aber die zeigen, dass sich die Mühen lohnen. Dass jeder und jede Einzelne einen Unterschied macht. Und dass wir noch viel mehr von diesen Einzelnen brauchen.

»Ich bin sehr realistisch. Ich weiß, dass sich nicht von heute auf morgen alles ändern wird. Ich wünsche mir, dass die Wirtschaft und die Unternehmen verstehen, was auf dem Spiel steht. Und dass sie die Art und Weise des Wirtschaftens ändern. Gleichzeitig wünsche ich mir, dass beispielsweise die Bewegung Fridays for Future versteht, dass Wandel Zeit braucht. Ihre Forderungen sind wichtig, aber häufig werden die Menschen vergessen, die nicht in unserer Nachhaltigkeitsblase leben. Die zusehen müssen, wie sie über die Runden kommen.«

Interessanterweise sind es aber nicht nur die Einkommensschwachen, die die Nachhaltigkeit nur zögerlich erreicht. Die wirklichen Umweltsünder sitzen nämlich am oberen Ende der Wohlstandspyramide. Eine Studie aus dem Jahr 2016 des Umweltbundesamtes ermittelte, dass Besserverdiener mehr Energie und Ressourcen verbrauchen, »und zwar unabhängig davon, ob sich jemand als umweltbewusst einschätzt oder nicht«[14]. Wer mehr verdient, fährt oft PS-stärkere Autos, lebt in größeren Wohnungen und fliegt häufiger in den Urlaub. Es ist schön, wenn Menschen, die es sich leisten können, ihre Steaks im eher hochpreisigen Biomarkt einkaufen anstatt beim Discounter. Für die eigene Ökobilanz und den CO_2-Fußabdruck sind das jedoch Peanuts im Vergleich zu einer Flugreise um die halbe Welt, einem spritfressenden SUV oder einem ganzes Haus, in dem nur zwei oder drei Personen leben, obwohl doppelt bis dreimal so viel darin Platz fänden. Die beste Ökobilanz weisen der Studie zufolge Menschen aus einfachen Milieus auf – selbst dann, wenn sie den Schutz der Ressourcen nicht besonders ernst nehmen oder ihr grünes Gewissen nur geringfügig ausgeprägt ist.[15] Man kann also so viele regionale und saisonale Lebensmittel kaufen, wie man möchte, seinen Müll brav trennen und bei Konsumgütern Wert auf Fair Trade legen: Wer dennoch viermal im Jahr in Urlaub jettet oder bei der Mobilität keine Abstriche machen möchte, landet in Sachen Ökobilanz auf den hinteren Rängen. Das bedeutet nicht, dass man ab jetzt alle Mühen einstellen sollte. Es verdeutlicht vielmehr, dass Nachhaltigkeit eben ganzheitlich gedacht werden muss, wenn sie eine Auswirkung haben soll. Sie ist für alle da, und sie ist für alle wichtig. Dass das Thema für jede und jeden von uns eine andere Priorität hat und von den unterschiedlichen Generationen anders gelebt wird, zeigt sich allein in meiner Familie. Während ich mittlerweile vegan lebe, meine Klamotten selbst repariere und auf Flugreisen weitgehend verzichte, behandelt mein Vater auf Kreuzfahrtschiffen Seekrankheit und Co. und fliegt dafür mehrfach im Jahr rund um den Globus. Obwohl die Generation meiner Eltern es sich leisten könnte, im Biomarkt einzukaufen, Fleisch aus artgerechter Tierhaltung zu essen und mehr Geld für nachhaltige Produkte zu investieren, tut sie es nicht oder viel zu wenig. Trotz des hohen Bildungsniveaus und einem Bewusstsein über die Tatsachen der globalen Klimakrise fehlt allem Anschein nach die Notwendigkeit, das eigene Handeln zu überdenken. Denn auch wenn unsere Mutter früher alles tat, um uns gesundes Essen vorzusetzen, scheinen die guten Vorsätze im Laufe der Jahre schwächer geworden zu sein. Aus Empörung und Betroffenheit, wenn mal wieder ein schrecklicher Bericht von Naturkatastrophen, ausgelöst durch den Klimawandel, oder das Schreddern männlicher Küken in den Medien behandelt wird, folgt keine Handlungsableitung für das eigene Leben. Es geht einfach so weiter wie immer. Das ist menschlich, aber auch fatal. Ich mache meinen Eltern keinen Vorwurf. Sie gehören zu einer Generation, für die Überfluss und Wohlstand das Maß aller Dinge sind und denen Vorbilder, die einen bewussten Umgang mit unseren Ressourcen nicht nur mahnen, sondern auch leben, in Gänze fehlen. Sie haben keine Influencer, die ihnen zeigen, wie es anders geht. Stattdessen warten sie geduldig darauf, dass sich die Politik dieser Probleme annimmt. Nachhaltigkeit, so scheint es, ist im Allgemeinen ein Thema, mit dem sich die Jüngeren beschäftigen – möglicherweise auch weil sie einen Job erschaffen haben, den die Elterngeneration nicht kennt.

Louisa hat Einfluss, und diesen macht sie sich zunutze. Nachdem sie zuerst ihr eigenes Leben verändert hat, hofft sie nun, einen Wandel bei anderen zu erzeugen. Dazu gehört, dass sie versucht, vieles gut, aber nicht alles perfekt zu machen, ungeachtet des Shamings und Blamings, mit dem sie bei einem vermeintlichen Fehltritt konfrontiert wird. Nachhaltigkeit soll nicht nur gut für die Umwelt, sondern vor allem auch gut für den Menschen selbst sein. Die Selbstliebe ist ihr großes Thema, und das beinhaltet, sich nicht nur um den eigenen Körper, sondern auch um die Welt zu kümmern, in der wir leben. Darüber spricht Louisa in Interviews, auf Konferenzen und in politischen Talkrunden.

Vor allem dann, wenn viele Männer anwesend sind, fällt ihr immer wieder auf, dass sie anders behandelt wird. Als Influencerin wird sie häufig nicht ernstgenommen, als Frau für ihren politischen Ansatz auch nicht. Da hilft nur, sich Gehör zu verschaffen. »Wenn ich in einer Männerrunde sitze, bin ich frech und laut und rede, wie mir der Schnabel gewachsen ist. Im Unternehmerischen bin ich zurückhaltender, da es für mich bei Naturalou darum geht, die Dinge mit Weitblick zu betrachten. Frauen sind oft empathischer und denken einmal mehr darüber nach, wie sie etwas ausdrücken oder vermitteln wollen.«

Das ist nicht immer von Vorteil. Auch Louisa musste lernen, Kolleg*innen auf Fehler anzusprechen, ohne Angst davor zu haben, sie zu verletzen. Eine Chefin muss das können. Aber vielen Frauen fällt es schwer. Vielleicht einer der Gründe, warum immer noch so wenige Frauen Chefposten bekleiden. Doch das Schöne ist: Das alles kann sich ändern. Und Frauen können es auch.

2
EIN FUCHS IM SCHAFSPELZ

Iris Voß // lyttn

Wenn man bewusste Konsument*innen heute fragt, worauf sie beim Einkauf Wert legen, sagen die meisten im Brustton der Überzeugung:»Saisonal! Regional! Biologisch!« Sie achten darauf, dass die Äpfel in ihrem Einkaufswagen aus Deutschland kommen. Sie beziehen Strom von einem Ökoanbieter. Und sie zahlen für ein T-Shirt ohne Zögern den doppelten Preis, weil die Baumwolle bio ist und der Designer in Hamburg-Altona die Drucke mit dem eigenen Siebträger macht.

Die wenigsten wissen jedoch, dass direkt vor unserer Haustür ein Rohstoff vollkommen saisonal, regional und biologisch produziert wird, der Jahr für Jahr auf dem Müll landet. Weil niemand ihn so, wie er ist, haben will. Und weil es kaum noch jemanden gibt, der etwas damit anfangen kann.

Bis auf Iris Voß. Sie hat ein Herz für diese ungeliebte Wolle, und sie schätzt gutes Handwerk. Deshalb entschied sie sich nach dem Abitur auch für das Studium der Schuhtechnik in Pirmasens. Vom verschlafenen Dorf in Ostwestfalen ging es in den Südwesten der Republik, nah an die Grenze zu Frankreich. Die Schuhstadt Pirmasens in der tiefsten rheinland-pfälzischen Provinz bescherte Iris zunächst einmal einen Kulturschock.»Da meine Mutter Österreicherin ist, dachte ich immer, dass ich alle deutschen Dialekte verstehe. Als ich jedoch in Pirmasens ankam, begriff ich erst einmal kein Wort.« Trotzdem studierte sie dort mit großem Vergnügen und ging für ihre Diplomarbeit zum Landeskriminalamt nach Hannover, Bereich Schuhspurensicherung.

Von dort aus zog es sie zu ECCO Leather, einem Lederhersteller, zum gleichnamigen dänischen Schuhhersteller gehörend, der sowohl auf eine faire Produktion als auch auf die Einhaltung sozialer und ökologischer Standards Rücksicht nimmt. »Und dann wurde es schlimm«, erzählt Iris von ihrem Wechsel zu einem großen Sportbekleidungshersteller in der Schweiz. Denn auch Sportbekleidung versteht sich als Fashion – und genau hier fangen die Probleme an. Höher, schneller, weiter, neue Kollektionen, neue Materialien, neue Farben. Der Druck auf die Designer und Textiltechniker, mindestens zweimal im Jahr innovative Produkte zu entwickeln, ist enorm. Das System ist, genau wie bei der Alltagsmode, vor allem auf den Konsum und das schnelle Wachstum ausgerichtet.

Iris betreute die Accessoires, auch weil das den Schuhen und ihrer Expertise am nächsten kam. »Aber wenn man 36 Strickmützen in einer Kollektion hat, gehen einem irgendwann die Ideen aus, wie man diese Strickmützen noch ›unique‹ und neu gestalten soll.« Außerdem stieß ihr zunehmend auf, dass die meisten Produkte in der Sportbekleidung aus Polyester und damit aus Plastik gefertigt sind. Trotzdem tat Iris das, was fast alle jungen Menschen in der Modebranche tun: Sie arbeitete bis zum Umfallen, 60, manchmal 70 Stunden die Woche, wie alle anderen kinderlosen jungen Frauen ihrer Abteilung.

Ich kenne das. Ich war auch so eine junge kinderlose Frau, die an manchen Wochenenden ins Büro kam, erleichtert darüber, endlich mal ein paar Stunden in Ruhe die Dinge aufzuarbeiten, die die Woche über liegen geblieben waren. Manchmal wachte ich nachts auf und dachte an die Arbeit. Ich träumte sogar von ihr. Die ersten Gedanken am Morgen kreisten um sie. Selbst im Urlaub checkte ich meine Mails und telefonierte mit meinem Team. Es war mir unmöglich, in einen Bekleidungsladen zu gehen und nicht automatisch die Schnitte, Stoffe und Styles zu prüfen. Ich lebte, um zu arbeiten – ein »richtiges« Leben außerhalb gab es im Prinzip nicht.

Das System ist Teil eines globalen Problems. Die Modebranche beutet, wie auch viele andere Industrien, nicht nur die Menschen auf der anderen Seite der Erdhalbkugel aus, sondern macht auch mit den eigenen Angestellten kurzen Prozess. Work-Life-Balance? Das ist ein Luxus, den sich die wenigsten in den ersten Jahren ihres Berufslebens erlauben (können). Einigen Wirtschaftszweigen ist es sogar gelungen, ihren Angestellten nahezulegen, enorm dankbar sein zu müssen, dass sie überhaupt in diesem Bereich arbeiten dürfen. Es ist erstrebenswert geworden, für ein cooles Modeunternehmen, eine hippe Werbeagentur oder einen renommierten Verlag zu schuften. Erstrebenswert – und kräftezehrend. Deshalb ist die Fluktuation in diesen Betrieben auch so hoch, und aus eben jenem Grund haben viele Frauen, wenn sie in die Elternzeit oder Kinderpause gehen, auch kein gesteigertes Interesse daran, schnellstmöglich wieder in den alten Job einzusteigen. Im Gegenteil: Junge Eltern, die sich jahrelang in ihrem Beruf haben verheizen lassen, genießen die Monate, vielleicht sogar Jahre, in denen sie sich um die Kinder kümmern können, und fragen sich zu Recht, wie sie das alte Tempo mit den neuen Herausforderungen vereinbaren sollen. Wer einen Dreijährigen von der Tagesmutter oder Kita abholen muss, kann eben nicht bis in die Nacht an einer Präsentation arbeiten oder Überstunden sammeln wie andere Leute Treuepunkte. Nur ein Bruchteil kehrt deswegen wieder zu seinem alten Arbeitsplatz zurück. Das erklärt die große Lücke zwischen sehr vielen jungen und einigen wenigen älteren Angestellten dieser Abteilungen. Und das erklärt den Karriereknick, den vor allem viele Mütter beklagen.

Das System verschlingt seine Kinder. Wie Kronos, Anführer der Titanen und Vater des Zeus, der seine Nachkommen verspeist, um nicht eines Tages von ihnen entmachtet zu werden.

Iris ahnte schon bald, dass weder das Unternehmen noch die Art der Arbeit zu ihr passten. Aber ein Hamsterrad sieht von innen bekanntlich aus wie eine Karriereleiter. Erst als ihr Verlobter einen Job in Osnabrück angeboten bekam, kündigte sie – und erlebte einen Tag später ihren persönlichen Aha-Moment bei einer firmeninternen Veranstaltung, in der die Abteilungsleiterin das neue Motto für die kommenden Kollektionen präsentierte: *We are on the move.* Es war das Jahr 2015, die Zeit der europäischen Flüchtlingskrise. Also hatte sich Iris' Chefin dafür entschieden, in ihre Präsentation ein Bild von Geflüchteten einzubauen und es mit folgenden lakonischen Worten zu kommentieren: »We're all on the move, wenn auch nicht alle ganz freiwillig.«

Gut möglich, dass es als geschmackloser Scherz gemeint war. Aber für Iris war dieser Satz der berühmte Tropfen, der das Fass zum Überlaufen brachte. Sie brach zusammen, rief: »Warum sagt denn niemand was? Findet ihr, dass sie so etwas sagen darf?« Doch niemand aus dem Team reagierte.

Iris wurde krankgeschrieben. Die verbleibenden drei Monate bis zum Austritt aus dem Unternehmen blieb sie zu Hause. »Ich konnte da nicht mehr hingehen«, berichtet sie. »Das war so menschenverachtend und gehässig, das habe ich nicht vergessen können.«

Es gibt Augenblicke im Leben, die brennen sich in das Gedächtnis ein. Die vergisst man nicht mehr so schnell, weil sie besonders schön oder besonders schrecklich sind. Für Iris war der Tag der Präsentation der letzte Tag ihres alten Lebens.

In Norddeutschland kamen Freunde auf sie zu, die sie fragten, ob sie ihre Expertise aus der Modeindustrie in ihr Projekt einbringen wolle. Iris willigte begeistert ein, und zu viert legten sie den Grundstein für das Unternehmen elbwolle. Der erste Schritt in ihr neues Leben war getan.

Das Projekt gibt es bis heute. Es verfolgt das Ziel, Kleinstschäfern aus Deutschland geschorene Wolle zu einem fairen Preis abzukaufen und in Zusammenarbeit mit Kooperationspartnern zu hochwertigem Loden und Garnen für den Weiterverkauf zu verarbeiten. Die Schafzucht ist für einige deutsche

Regionen wichtig, vor allem aus ökologischer Sicht, denn Schafe betreiben Deichpflege, gehen gegen die Verbuschung der Grünflächen vor und sorgen zudem für Biodiversität, indem sie Pollen und Samen in den Fellen von A nach B tragen. Sie mähen außerdem, wo keine Maschine hinkommt.

Allerdings bleiben die Schäfer in den meisten Fällen auf der geschorenen Wolle sitzen – es gibt keine Abnehmer für die oft viel zu kleinen Wollmengen. Schäfer größerer Herden verkaufen an Wollaufkäufer, die aber so niedrige Preise zahlen, dass in der Regel nicht mal die Schurkosten wieder reinkommen. Für die Schäfer ein ernst zu nehmendes Problem – denn ihnen bleibt oft nichts anderes übrig, als die Preise für die Rohwolle zu akzeptieren. Irgendwohin muss die »blöde« Wolle schließlich. Man kann dem Schaf ja schlecht verbieten, sich Jahr für Jahr ein neues Fell wachsen zu lassen.

Für ein Kilo Mischwolle bekommt ein Schäfer zwischen dreißig und achtzig Cent, allerdings nur unter der Bedingung, dass er große Mengen liefert.[16] Ein Schaf produziert zwischen drei bis fünf Kilo Rohwolle pro Schur – doch die allein kostet zwischen zwei und fünf Euro. Kleinschäfer müssen draufzahlen, wenn sie ihre Wolle verkaufen wollen, und werfen sie deshalb häufig lieber weg.

Hat ein deutscher Schäfer eine große Herde und kann sich am Markt behaupten, macht er mit dem Verkauf seiner Wolle zwar kein gutes Geschäft, wird aber immerhin die Ware los. Diese wird nach Fernost verschifft, vor allem nach China, dem größten Wollveredler der Welt. Dort wird bei der konventionellen Wollverarbeitung kein oder nur sehr wenig Wert auf Umweltschutz gelegt, weshalb das Rohmaterial in chemischen Verfahren gereinigt und weiterverarbeitet wird. Die billigen Textilien landen anschließend wieder auf dem deutschen Markt. Nachdem sie einmal um die ganze Welt geschickt und zumeist unter desaströsen ökologischen und katastrophalen sozial-ethischen Bedingungen zu Kleidungsstücken verarbeitet wurden. Aber wenigstens kann man aufs Etikett schreiben: Aus deutscher Wolle. Stimmt ja auch, irgendwie.

Heimische Wolle ist in Deutschland allerdings nicht beliebt. Zu rau, heißt es, vor allem im Vergleich zu Angora, Alpaka, Merino und Kaschmir. Dass für die Produktion dieser Wollen die zum Teil überzüchteten Tiere nicht nur gequält werden, sondern sogar sterben müssen, ist den meisten Verbrauchern nicht bewusst. Von den vielen Kilometern, die die Wolle unterwegs ist, bevor sie als kuscheliger Pullover in einer europäischen Boutique landet, ganz zu schweigen. Erst recht weiß kaum jemand, dass es auch hierzulande technische Verfahren gibt, um die deutsche Wolle weich und angenehm zu machen.

Bei meinem Masterstudium stieß ich im Rahmen meiner Recherche zu regionalen Rohstoffen für Mode auf das deutsche Wollproblem: Im Schnitt werden 4000 Tonnen Rohwolle jedes Jahr vernichtet – wobei wiederum rund 20 000 Tonnen Wolle jedes Jahr zu uns importiert werden, vor allem aus Neuseeland und Australien, wo die Merinos grasen, deren Wolle wir hierzulande besonders mögen. Als wäre das nicht schon schlimm genug, wird die europäische Wolle auch noch stigmatisiert, denn die Gemeinsame Agrarpolitik der EU (GAP) definiert dieses Produkt als »Sonderabfall«.[17] Das hilft dem Image der europäischen Wolle natürlich nicht.

Die Wolle vom anderen Ende der Welt ist besonders weich, das ist nicht abzustreiten. Aber auch Wolle aus hiesigen Gebieten kann durch mechanisches Aufarbeiten, beispielsweise Plüschen, eine Kuscheligkeit erlangen, die sich sehen (und fühlen) lassen kann. Außerdem sind die Einsatzmöglichkeiten des Materials überraschend vielfältig. Naheliegend sind Filze für Heimtextilien oder (Haus-)Schuhe, aber auch Teppiche. Da Wolle im Falle eines Feuers kaum zu brennen beginnt, sondern lediglich verkohlt, gibt es zahlreiche Verwendungen in der Industrie. So können Stoffe aus Schafwolle beispielsweise für Sitzbezüge in Bus, Bahn und Co. eingesetzt werden, da sie robust und von

Natur aus antistatisch sind, wodurch sich Schmutzpartikel weniger absetzen.[18] Durch ihr Volumen sowie die Eigenschaft, Wärme zu speichern und gleichzeitig atmungsaktiv zu sein, kann Wolle als ökologisches Füll- und Dämmmaterial benutzt werden. Als natürlicher Dünger nährt sie roh oder in Form praktischer Pellets die heimischen Erdbeeren oder kommt im Garten zum Einsatz.

Und es gibt noch ein Nebenprodukt der Wollverarbeitung, das vielseitig einsetzbar ist: Lanolin, das Wollfett. Gerade in der Produktion von Kosmetika erfüllt es eine Rolle als Trägerstoff und ersetzt so die Fette, die normalerweise aus Erdöl gewonnen werden.

Allmählich verstehe ich Iris' Lobgesang auf die heimische Wolle. Je länger ich darüber nachdenke, desto schlimmer finde ich es, dass dieses nachwachsende und ökologisch verträgliche Material, das so vielseitig sein kann und die Bezeichnung regional auch wirklich verdient, vernichtet statt verwendet wird.

Das größte Problem ist: Die europäische Wolle ist nicht nur robuster und dicker als die Materialien, mit denen wir unsere Körper gern bekleiden, sondern im Rohzustand auch sehr schmutzig. Rohwolle durchläuft demnach verschiedene Produktionsschritte, unter anderem wird sie sortiert, gewaschen, kardiert, gekämmt, gesponnen, gestrickt und gefärbt, bis zum Beispiel ein Kleidungsstück aus ihr entstehen kann. Da seit vielen Jahren so gut wie kein Interesse an deutscher Wolle besteht, gibt es aber kaum noch Menschen, die sich mit diesem Handwerk auskennen. Und deshalb nur sehr wenige Wollwäschereien, Spinnereien und Strickereien – vor allem keine Unternehmen, die auch Kleinstmengen weiterverarbeiten, wie mich Iris aufklärt.

»Mal davon abgesehen, dass auch die Schäfer gar nicht mehr wissen, wie sie ihre Schafe zu scheren haben, damit man die Wolle überhaupt weiter nutzen kann.« Idealerweise bleiben die Fasern möglichst lang und werden nicht gestückelt, das macht die Wolle hochwertiger und langlebiger.»Aber wir haben unser

Know-how in vielen Bereichen nach Fernost abgegeben«, sagt Iris, die das Problem, das die Wollproduktion in Deutschland hat, auch aus der Schuhindustrie kennt. »Die Chinesen lachen sich vermutlich ins Fäustchen, dass bei uns niemand mehr kann, was wir ihnen beigebracht haben.« Das ist überspitzt formuliert, revidiert sie gleich, aber ein wahrer Kern steckt drin.

Es ist ein alter Hut, dass traditionelle Handwerke verschwinden. Einerseits weil es nur wenig ausbildende Betriebe gibt, andererseits weil viele junge Leute die Berufe gar nicht mehr kennen. Wir alle haben eine grobe Vorstellung davon, was eine Industriekauffrau, ein Fahrlehrer oder ein Kfz-Mechaniker den ganzen Tag über treiben. Aber was genau machen Kürschner, Böttcher oder Glasmacher? Mit den Gewerken verschwinden nicht nur Fachwissen und Tradition, sondern auch Möglichkeiten. Im Laufe der vergangenen Jahrzehnte, als die Textilproduktion vor allem auf Baumwolle und Polyester umgestellt wurde, aber auch auf den Import aus Asien, verschwanden auch die Betriebe, die deutsche Rohstoffe verarbeiten konnten. Damit ging ein Teil der Transparenz in der Produktionskette verloren.

Mit dem Wollprojekt, das Iris nach ihrer Kündigung mit Freunden aus der Wiege hob, hatte sie große Pläne, sogar von der Gründung einer eigenen Wollwäscherei war die Rede. Aus persönlichen Gründen schied sie jedoch aus und gründete ein eigenes Unternehmen. Der Wolle ist sie treu geblieben. Die Babyschalenbezüge, die sie daraus herstellt, sind zwar ein Nischenartikel, dennoch wollen viele Mütter auf das »Sitzen ohne Schwitzen« ihrer Babys nicht mehr verzichten. Die Materialien bezieht Iris über den Kooperationspartner Lebenskleidung – weil sie damit die Herkunft ihrer Rohstoffe sicherstellen kann. »Ich kenne nicht jedes Schaf beim Namen, aber ich weiß von persönlichen Besuchen, dass die Tiere artgerecht gehalten und geschoren werden.«

Dass Iris das Rohmaterial jemals ausgeht, ist mehr als unwahrscheinlich. »Ich bekomme so viel Rohwolle angeboten, dass ich für den Rest meines Lebens keine neue mehr kaufen müsste«, erzählt sie. Allerdings kann sie selbst mit geschenkter Rohwolle nicht ohne Weiteres etwas anfangen. Denn die geschorene, unbehandelte Wolle gilt in Deutschland als Aas. Um sie zu transportieren, braucht es eine Genehmigung der Behörden. Aus Gründen des Seuchenschutzes sicher sinnvoll, in der Praxis aber ein Ärgernis. »Außerdem hätte ich gar nicht den Platz, um die Wolle zwischenzulagern.« Die Idee, die ungeliebte Wolle direkt von den Schafzüchtern einzusammeln, ist damit erst mal vom Tisch – wenn auch noch nicht vollständig. Denn Iris Voß ist keine Frau, die beim kleinsten Widerstand aufgibt.

Nachhaltiges Gründen ist ein Marathon, kein Sprint. Es ist keine hohe Kunst, einen Kredit aufzunehmen, ein günstiges Produkt auf konventionellem Weg zu entwickeln und damit schnellen Gewinn zu machen – gleichgültig, ob das Unternehmen fünf Jahre später noch besteht oder nicht. Wie das funktioniert, haben Millionen von Gründerinnen und Gründern weltweit bereits bewiesen. Doch ein Unternehmen zu gründen, das nachhaltig, fair und regional produziert, das den Anspruch hat, einen wirklichen Beitrag zu leisten und der Gesellschaft etwas zurückzugeben, das nicht nur die Umwelt schonend behandeln will, sondern auch zum eigenen Lebensmodell passt – das erfordert nicht nur Mut, sondern auch Ausdauer und Kreativität.

Iris wundert sich nicht darüber, dass viele grüne Unternehmen von jungen Müttern gegründet werden. »Die müssen sich etwas einfallen lassen, wenn sie Familie und Beruf unter einen Hut bringen wollen.« Und oft geht das in den vorherigen Angestelltenverhältnissen nicht.

Dass es ihr Unternehmen heute überhaupt gibt, daran sind tatsächlich auch ihre Kinder ›schuld‹. »Wenn es die nicht gäbe, gäbe es mein Produkt nicht«, sagt Iris lachend. Denn mit dem ersten Kind ging es fünf Monate nach der Geburt in den Sommerurlaub nach Südfrankreich. Kurz vor Abreise dachte Iris über die Babyschale ihres Kindes nach. »Babys schwitzen viel schneller als Erwachsene. Dieses Ding, in der das arme Kind sitzt, ist ja komplett aus Plastik. Nicht nur die Hülle, auch das Polstermaterial und die Auflage – alles Polyester. Pflegeleicht, aber überhaupt nicht atmungsaktiv. Würde ich gern in den Sommerurlaub fahren und komplett von Plastik umgeben sein wollen? Nö.«

Iris erinnerte sich an einige Lodenballen aus ihrem ersten Wollprojekt, die noch bei ihr im Keller lagerten. Kurzerhand nähte sie einen Ersatzbezug für die Babyschale, aus Walkloden und Wollwatte – beides einhundert Prozent natürliche Materialien, die atmungsaktiv sind und einen großen Teil an Feuchtigkeit aufnehmen können, ohne sich feucht anzufühlen. »Und siehe da, bei 39 Grad war dieses Kind kein einziges Mal nassgeschwitzt, wenn es in der Babyschale saß.«

Nach dem Urlaub sprach ihr Mann das aus, was selbst schon in ihr arbeitete: Daraus machst du ein Business. Gemeinsam klapperten sie jeden Laden ab, der Babybedarf vertrieb – doch von einem vergleichbaren Produkt fehlte jede Spur. Also entschied Iris, sich selbstständig zu machen. Für den deutschen Arbeitsmarkt war sie derzeit ohnehin nicht attraktiv. »Ich hatte meinen Job in der Schweiz gekündigt und wurde in Deutschland schnell schwanger. Mit einem Säugling musst du dich nirgendwo bewerben, vor allem nicht, wenn es dein erstes Kind ist – da stellt dich kein Unternehmen ein, weil alle fürchten, dass du bald wegen Kind Nummer zwei ausfällst.« Zudem musste Iris auch bei einer neuen Firma damit rechnen, wie in ihrem alten Job mindestens 40 Stunden die Woche arbeiten zu müssen und ein Drittel ihrer Zeit in Fernost zu verbringen, wo nun mal die meisten Produktionsstätten sind. »Mit Familie ist das schwer vereinbar.«

Wir erinnern uns: Genau deswegen arbeiten in der Modebranche so viele junge Frauen, die sich noch nicht an eine Beziehung und vielleicht sogar Kinder gebunden haben. Die Selbstständigkeit eröffnet hier Möglichkeiten, auch wenn sie sehr viel abverlangt.

Finanziell mussten Iris und ihr Mann den Gürtel deutlich enger schnallen. »So ein Unternehmen wirft ja nicht sofort Gewinne ab. Also haben wir unser Leben den Bedingungen angepasst.« In vielerlei Hinsicht, denn ihr Partner ging in lange Elternzeiten, um Iris Freiraum zu geben, das Projekt lyttn ins Leben zu rufen: in Niedersachsen hergestellte Babyschalensitzauflagen aus einhundert Prozent natürlichen Materialien.

»Da ich als Selbstständige nur den Minimalsatz Elterngeld bekommen hätte, war es viel sinnvoller, dass mein Mann die Elternzeit samt Elterngeld für sich beanspruchte.« Das Elterngeld plus will genau dieses Familienmodell anregen: dass Väter beruflich kürzertreten, um den Müttern eine Rückkehr ins Berufsleben zu ermöglichen. Beim ersten Kind reduzierte Iris' Mann für zwölf Monate auf 50 Prozent, beim zweiten Kind ging er für ein halbes Jahr ganz aus dem Job und kehrte danach mit 80 Prozent auf seine alte Stelle zurück. Die flexible Einteilung und reduzierten Stunden halfen Iris nicht nur beim Aufbau ihres Unternehmens – sie waren während der Coronapandemie, als die Kitas schlossen und von einem Tag auf den anderen keine Betreuung mehr da war, auch ein Segen. Iris und ihr Mann wechselten sich ab, er arbeitete morgens, sie am Nachmittag, Kinderbetreuung und Haushalt teilten sie fair untereinander auf.

Man sagt: »Augen auf bei der Berufswahl.« Ich glaube, der Satz sollte eher heißen: »Augen auf bei der Partnerwahl.« Denn am Ende des Tages ist für Frauen auch immer die Bereitschaft des Mannes wichtig, im Job zurückzustecken, wenn sie auch als Mutter weiterhin aktiv am Berufsleben teilhaben wollen.

Bis Iris im Dezember 2019 ihre Website lyttn.de online stellen konnte, verging einige Zeit. Die Gründerin musste sich in Osnabrück zunächst einmal eine Infrastruktur und Ressourcen aufbauen: Lager, Aufbereitung des Lodens, Zuschnitt, Näherei und so weiter. Das alles gibt es nicht auf Knopfdruck. Dazu kamen jede Menge Formalitäten und viel Arbeit beim Aufbau der Social-Media-Präsenz, dem Erstellen von Fotos und der Website.

»Es kostet viel Energie, aber es macht einen riesigen Spaß. Ich arbeite hart, denn ein Unternehmen wie lyttn und die Familie brauchen gleichermaßen Aufmerksamkeit und Zuwendung. Sich dennoch die Zeit frei einteilen zu können betrachte ich als Luxus, den ich nicht mehr missen möchte«, sagt Iris heute.

So kurz nach der Gründung wirft lyttn noch nicht viel ab. Auf Investorensuche möchte sie trotzdem lieber nicht gehen, um keine Rechenschaft ablegen zu müssen und auch weiterhin genau das tun zu können, was ihr wichtig ist. Iris möchte nicht nur ein nachhaltiges Produkt entwickeln und vertreiben, sie will auch ein Unternehmen auf einer soliden Basis aufbauen. Bislang funktioniert es auch ohne externe Geldmittel. Wachstum ist da. Es ist langsam, aber beständig. Ein afrikanisches Sprichwort lautet: Das Gras wächst nicht schneller, wenn man daran zieht.

Nicht mal, wenn es ein deutsches Deichschaf ist.

3

GRÜN, GRÜN, GRÜN SIND ALLE MEINE KLEIDER

Natascha von Hirschhausen //
nataschavonhirschhausen.com

»Wer keine Angst vorm Gründen hat, der hat nicht alle Tassen im Schrank«, sagt Natascha von Hirschhausen mit einem Lächeln.

Sie weiß, wovon sie spricht. Als sie 2016 beschloss, eine eigene Modemarke zu gründen, die nicht nur fair und nachhaltig ist, sondern vor allem das Prinzip des Zero Waste allen Geschäftsbereichen zugrunde legt, war der Ausgang des Experiments ungewiss. Dennoch war sich die grüne Gründerin sicher. Sie wollte ein Modelabel, das keinen Müll produziert – weder während der Produktion noch danach.

Das ist ein radikaler Ansatz. Zwar beschäftigen sich immer mehr Marken und Labels mit nachhaltiger Herstellung, doch sind die Anteile von umweltschonender und fair hergestellter Bekleidung im Vergleich zum konventionellen Bereich noch immer verschwindend gering. In vielen Fällen ist es heute noch so, dass sich Textilfirmen in aufwendigen Kampagnen wie echte Klimaschützer präsentieren, der tatsächliche Anteil von ressourcenschonenden Stoffen und fairen Produktionsbedingungen ist aber gering. Dieses Vorgehen nennt man Greenwashing: Man gibt sich grüner, als man tatsächlich ist, und versucht sich durch Geldspenden für ökologische Projekte, PR-Maßnahmen und so weiter als besonders umweltbewusst und umweltfreundlich darzustellen. Von diesen saubergewaschenen Firmen finden sich viele in der Textilbranche. Kaum beschäftigt man sich näher mit Mode, stolpert man über ein offensichtliches Problem: Das bisherige System *kann* gar nicht fair sein. Es muss sich in Gänze ändern, wenn es eines Tages zumindest ansatzweise fair sein will. Im Gegensatz zu vielen anderen Branchen kann in der Modeindustrie nur in begrenztem Maß auf maschinelle Produktion gesetzt werden. Trends und Schnitte verändern sich fortwährend, und Menschen lernen immer noch schneller als Maschinen – das bietet den perfekten Nährboden für die unfaire Behandlung und viel zu geringe Bezahlung von Arbeitern und Arbeiterinnen. Baumwolle wird geerntet, Seide gehaspelt, Wolle geschoren, alles per Hand. Sieht man von den Spinnereien und Webereien ab, setzt ein Großteil der textilverarbeitenden Branchen nach wie vor auf Womanpower, denn die meisten Beschäftigten der Textilbranche sind tatsächlich weiblich. Färben, gerben, veredeln, zuschneiden, nähen, säubern, verpacken ... Es sind *echte* Menschen, die die Handgriffe ausführen. Genau hier liegt die Herausforderung, vor der wir stehen: Wenn Arbeitsschritte von Menschen und nicht von Maschinen ausgeführt werden, verleitet das die Firmen dazu, an den Arbeitsbedingungen und an der Bezahlung der Arbeitskräfte zu drehen, um im Wettbewerb mitzuhalten – nicht an den Preisen der Ware.

Mode wird trotzdem Jahr für Jahr billiger. Gleichzeitig kommen immer mehr Kollektionen in die Läden, bei manchen Marken wie H&M, Zara oder Primark sogar wöchentlich. Wie funktioniert das? Mittlerweile gibt es Unternehmen, die ein T-Shirt für drei Euro, eine Jeans für unter zehn Euro anbieten. Der Grund liegt auf der Hand: Es gibt jemanden, der den Preis für billige Kleidung zahlt, und das sind nicht die Kundinnen und Kunden. Es sind vielmehr die Arbeiter und Arbeiterinnen in Asien oder in der Türkei, deren Löhne sinken, während die Arbeitsbedingungen immer unerträglicher werden.

Genau davon konnte sich Natascha ein Bild machen, als sie 2014 im Rahmen ihres Studiums für das Weiterbildungsprojekt »lokal-international«, eine Kooperation des Goethe-Instituts, der Universität der Künste und der Kunsthochschule Weißensee, nach Bangladesch fuhr. Dort sah sie zum ersten Mal mit eigenen Augen, wie miserabel die Arbeitsbedingungen und Lebensumstände der Bevölkerung sind, von der ein großer Teil in der Bekleidungsindustrie arbeitet. Sie war auch von den Müllbergen schockiert, die vor den Toren der Firmen aufragten. »Ich hatte vorher schon einmal gehört, dass etwa 20 Prozent des Stoffes beim Zuschnitt abfallen und entsorgt werden müssen – aber wie diese Stoffberge am Ende aussehen, davon hatte ich keine Vorstellung.«

Dass viel zu viel und noch dazu viel zu wenig ökologisch produziert wird, stellt auch Greenpeace in seinem Report zur Fast Fashion von 2019 fest[19]: Deutsche kaufen im Schnitt 60 Kleidungsstücke im Jahr – also alle sechs Tage etwas Neues –, tragen die Kleidung allerdings nur noch halb so lange wie vor 15 Jahren. 60 Kleidungsstücke entsprechen etwa zehn Kilo Textil, in den USA sind es sogar sechs Kilo mehr. Jedes Kilo, das auf die bestehende konventionelle Art hergestellt wird, sorgt in den Produktionsländern für eine noch größere Umweltverschmutzung. Pestizide, die beim Baumwollanbau eingesetzt werden. Chemikalien, die in Spinnereien und in der Stoffherstellung zum Einsatz kommen. Erdöl, das bei der Produktion synthetischer Stoffe verwendet wird. Und dann kommen noch die Kohlekraftwerke zur Energiegewinnung, die Plastikverpackungen und die Containerschiffe dazu, die die Waren einmal um den halben Erdball befördern.

Für die Produktion eines T-Shirts braucht man 2700 Liter Wasser. Diese Menge würde einem Menschen zweieinhalb Jahre lang als Trinkwasservorrat reichen.[20] Zehn Prozent der weltweiten Treibhausgasemissionen entstehen durch die Textilindustrie – das sind mehr als die Emissionen von Flugzeugen und Schifffahrt zusammengerechnet. Wenn wir uns jetzt noch die reinen Stoffabfallberge vorstellen, denen sich Natascha in Bangladesch gegenübersah, verwundert es nicht, dass sich die Designerin nach diesem Schlüsselerlebnis mit der Frage beschäftigte, wie sie zukünftig nicht nur Modestücke kreieren kann, die langlebig, zeitlos und saisonunabhängig sind, sondern auch, wie sie bei der Produktion ihrer Kollektionen einen möglichst effizienten Stoffverbrauch erreichen könnte. Denn ein kluges Design kann Verschnitt und damit Müll reduzieren. Zudem sind Nähte wie Sollbruchstellen an Kleidungsstücken: In den meisten Fällen kapituliert zuerst die Naht, bevor das Material nachgibt. Gutes Design macht Klamotten also (unter anderem) langlebiger und wertiger.

Natascha schloss nach dem Studium eine Wette mit sich selbst ab: »Wenn ich es schaffe, eine ganze Zero-Waste-Kollektion herzustellen, und ich die Sachen und die Kollektion liebe, dann gründe ich damit.«

Aber wie gründet man eigentlich? Natascha nahm an so ziemlich jedem Gründungskurs teil, den sie finden konnte, und besuchte eine Vielzahl von Fortbildungen. Irgendwann fühlte sie sich so überinformiert, dass sie Angst bekam. Sie wusste, wenn sie sich noch weiter mit dem Thema beschäftigte, würde sie die ganze Sache abblasen. Also nahm sie all ihren Mut zusammen und beschloss: Ich gründe *jetzt*.

Am Anfang konzentrierte sie sich darauf, eine Kollektion zu entwickeln und Umsatz zu generieren. Dafür griff sie auch auf eigene Ersparnisse zurück. Den Gedanken an einen Investor oder eine Investorin fand sie schwierig. Die Designerin wollte unter allen Umständen vermeiden, von möglichen Geldgebern zum Wachstum gezwungen zu werden, und auch Diskussionen über die womöglich weniger rentable Entscheidung für teurere Biorohprodukte kamen für sie nicht infrage, wie sie mir erzählte.

Ich musste an die Diskussionen denken, die ich bei meinem früheren Arbeitgeber geführt hatte. Da war es nämlich ganz normal, dass ich zwar mit nachhaltigen Materialien eine Kollektion entwarf und plante, das Management meine großen Ideen aber mit einem gezielten Blick auf die höheren Produktionskosten zunichtemachte. Die meisten, die sich einen Modedesigner vorstellen, denken, dass wir vor einem Skizzenbuch sitzen und Haute-Couture-Abendkleider entwerfen oder mit wunderschönen edlen Stoffen an Models Faltenwürfe drapieren. Das gehört manchmal auch zur Arbeit dazu. Den größten Teil meiner Zeit verbringe ich aber auch heute noch mit Materialplanung, Lieferantengesprächen und Kalkulationen. So wie die meisten Romanautoren nicht vor einer antiken Schreibmaschine in einem einsamen Haus im schottischen Hochmoor hocken, so wenig hat ein Großteil der Menschen, die in der Bekleidungsindustrie arbeiten, mit Skizzenbüchern und Pariser Modenschauen zu tun. Das ist Romantik, die in Hollywoodfilmen und Telenovelas stattfindet, nur selten aber in der Realität. Was nicht bedeutet, dass man sich nicht auch einen gewissen Idealismus bewahren kann.

Bereits in ihrer Masterarbeit hatte Natascha sich mit dem Thema ethische Modegestaltung befasst. Upcycling und Recycling hält sie für tolle Konzepte, die wir unbedingt brauchen. Dennoch entschied sie sich dafür, das ganze System neu zu denken, damit Müll und überproduzierte Teile gar nicht erst anfallen. »Ich möchte mit hochqualitativen Stoffen arbeiten und diese nach dem Zero-Waste-Prinzip verarbeiten.«

Heute verfolgt ihr Label, das denselben Namen trägt wie sie selbst, das Ziel, Produktionsabfälle so weit zu vermeiden, wie es irgend möglich ist. Der Verschnitt liegt bei etwa einem Prozent. Das hat Auswirkungen auf die Designs: »Wenn ich ein Kleid skizziere, designt das Zero-Waste-Konzept immer mit. So komme ich auf Ideen, die ich vielleicht gar nicht gehabt hätte. Ich finde es spannend, dass das Konzept mitentscheidet, wie das Design am Ende aussieht.« Spannend sind am Ende auch die Produkte, die eine ganz besondere, individuelle Ästhetik haben: fließende Silhouetten, mal asymmetrisch, mal geradlinig, aber immer körperumspielend und mit einem femininen Detail versehen. Dabei nahezu farbneutral, hauptsächlich in schwarz und weiß, um möglichst zeitlos zu sein.

Jeder Bereich ihres Modelabels ist auf Nachhaltigkeit und Transparenz ausgelegt. Nur natürliche, zertifizierte Materialien aus nachhaltigem Anbau oder recycelte Stoffe werden verwendet. Um der Überproduktion zu entgehen, fertigt ihr Unternehmen ausschließlich auf Bestellung. So kann Natascha von Hirschhausen ihrem Zero-Waste-Ansatz von der Idee bis zum fertigen Produkt in jedem Arbeits- und Herstellungsschritt Rechnung tragen.

Für die Modebranche ist Nataschas Zero-Waste-Konzept ein revolutionärer Ansatz, der ihr bereits zahlreiche Auszeichnungen beschert hat. 2017, nur ein Jahr nach ihrer Unternehmensgründung, gewann sie den Ecodesign-Preis des Bundesumweltministeriums. Sie ist Gründungsmitglied von Aethic, einer Plattform für Designer nachhaltiger Mode, und engagiert sich stark in ihrem Netzwerk. Für Natascha ist das nämlich das Wichtigste überhaupt. »Ich möchte am liebsten das ganze System Mode ändern. Das schaffe ich aber nicht allein«, sagt sie. Der offene Austausch ist ihr wichtig, und ihr gefällt, dass bei grünen Gründer*innen vor allem der familiäre Aspekt und die hohe Transparenz im Vordergrund stehen – mehr als in der Branche des konventionellen Bekleidungsmarktes. Vermutlich deshalb, weil sich nachhaltige Unternehmen nicht als Konkurrenten, sondern als Interessengemeinschaft verstehen, deren gemeinsames Ziel nicht in der Profitmaximierung liegt. Wenn man Natascha von Hirschhausen über ihr Netzwerk und ihre Kolleg*innen schwärmen hört, versteht man sofort: Das ist mehr als ein zusammengewürfelter Haufen Leute, die in derselben Branche arbeiten. Menschen, die sich mit nachhaltigen Lösungen beschäftigen, haben eine ähnliche moralische Grundhaltung. Dieser holistische Ansatz ist es, der die Green Rebels, wie ich sie nenne, so besonders macht.

Und ein bisschen hilft so ein Netzwerk auch über die Phasen der Unsicherheit und Einsamkeit im Gründungsprozess hinweg. Natascha hatte nie vor, allein zu gründen, doch es fand sich einfach niemand, der so richtig zu ihrer Gründungsidee passte.»Ich hatte aber das Glück, dass mich viele Leute unterstützten, mit denen ich zusammengearbeitet habe: Fotografen, Kommunikationsdesigner, Coaches unterschiedlichster Art, Schneiderinnen, Praktikantinnen. In jedem Bereich habe ich jemanden gefunden, mit dem ich wunderbar zusammenarbeiten kann.«

Und dann gibt es da auch noch ihren Mann, der Natascha mit Rat und Tat zur Seite steht und in ihrem Unternehmen einige Aufgaben übernimmt, neben seinem »vernünftigen« Lehrerjob, in dem er Teilzeit arbeitet, um sie zu unterstützen. Gerade in den ersten Jahren führte das zu einigen Missverständnissen. Denn die meisten Menschen gehen davon aus, dass eine Frau, die gründet, einem Hobby nachgeht, das ihr erlaubt, nebenbei Kinder großzuziehen, während ihr Partner oder ihre Partnerin das Einkommen mit einem *richtigen* Job sichert. Das bekam auch Natascha oft zu hören.»Einem Mann, der ein Unternehmen gründet, würde man das niemals sagen. Der ist ein Unternehmer. Eine Frau, die gründet, macht das offenbar ohne die Absicht, mit ihrer Firma erfolgreich zu werden.« Genau das meint sie auch damit, wenn sie sagt, dass Frauen immer eine Extrameile gehen müssen.»Ich bin konservativ erzogen, in die Richtung, Frauen sollen gehorchen, ruhig, anständig und hübsch sein. Sie sollen sich nicht in den Mittelpunkt drängen und die eigenen Bedürfnisse denen der anderen unterordnen. Dann zu sagen: ›Hier bin ich! Das ist mein Platz‹, ist ein großer Schritt.«

Sie spricht mir aus der Seele. Zwar wurde ich progressiver erzogen und immer dazu ermuntert, meine Meinung kundzutun, aber ich mache mich nicht gern angreifbar. Das führt dazu, dass ich mein Umfeld häufig nicht an meinen Entscheidungen teilhaben lasse und sie nicht in den Findungsprozess einbeziehe. Vor allem weil ich befürchte, dass sie mir meine Pläne ausreden oder in meine Vorhaben reinquatschen. Das hat in der Vergangenheit dazu geführt, dass ich meine engsten Bezugspersonen nicht nur einmal einfach vor vollendete Tatsachen gestellt habe. Viel zu häufig fühle ich mich einfach noch nicht sicher genug, um meine Meinung oder meine Überzeugungen zu vertreten. Die Vorstellung, mit meinen Entscheidungen nicht nur Verantwortung für mich, sondern auch für eine etwaige Belegschaft zu übernehmen, finde ich so überwältigend wie furchteinflößend.

Trotz aller inneren Barrieren, die auch Natascha überwinden musste, bevor sie wurde, wer sie ist, hat sie sich niemals gewünscht, ein Mann zu sein. Anstatt darüber zu reden, was Frauen besser als Männer und Männer besser als Frauen können, möchte Natascha über die Vorteile gemischter Teams sprechen. »Gerade die Vorsicht, der Respekt und die Durchdachtheit, die Frauen an den Tag legen, sind eine große Stärke. Diese Eigenschaften machen es aber auch schwerer. Denn während Frauen oft alles dreimal durchdenken, haben schon vier Männer gesagt: ›Ich mach's!‹ Eine Mischung aus beiden Geschlechtern in einem Team – das wäre ein Traum.«

Für die Zukunft wünscht sich Natascha noch mehr Produkte und Labels, die zeigen, dass es anders geht, und hochwertige Textilien herstellen, die man Jahr um Jahr trägt und die nicht so schnell im Mülleimer landen. Sie ist überzeugt davon, dass man das bestehende System Schritt für Schritt komplett verändern kann – am besten mit positiven Beispielen und ohne erhobenen Zeigefinger. Gar nicht so leicht, wenn man bedenkt, wie viel Elend die Textilindustrie in den vergangenen Jahrzehnten neben den unendlichen Massen von Kleidungsstücken produziert hat. Doch ein Umdenken, vor allem bei den Verbraucher*innen, kann nur stattfinden, wenn das Grundgefühl ein gutes ist. »Es verschreckt die Kundschaft, wenn man sagt: ›Wie könnt ihr nur?‹ Ich bin vielmehr dafür zu sagen: ›Nachhaltige Mode macht Spaß!‹ Sie hat bessere Trageeigenschaften, fühlt sich schöner an und bereitet länger Freude.« Dass diese Kleidungsstücke einen höheren monetären Preis haben als nichtnachhaltige, findet sie vertretbar. »Anstatt 60 Kleidungsstücke jedes Jahr zu kaufen, die kurz danach im Müll landen, hat man wahrscheinlich mehr von seinem Geld, wenn man auf ein hochwertiges Teil spart, an dem man sich jahrelang erfreuen kann.«

Sie spricht mir aus der Seele. Denn geht es nicht genau darum? Dass wir die Dinge, die uns umgeben, wieder mehr zu schätzen lernen und etwas mit ihnen verbinden?

4

WER ANDEREN EINE BRÜCKE BAUT

Charlotte Erhorn und Constanze Klotz //
Bridge&Tunnel

»Wenn ich früher von einer langen Rucksackreise heim-
gekehrt bin, haben mich meine Freunde immer gefragt: ›Warst
du schon bei H&M, um dich zurückzumelden?‹«, gibt Constanze zu und lacht. »Ich war in meinen jüngeren Jahren eine
echte Powershopperin. Kein Schlussverkauf war vor mir sicher.
Nachhaltigkeit? Ich wusste gar nicht, dass das was mit mir zu
tun hat.«

Charlotte, ihre Mitgründerin von Bridge&Tunnel, kichert.
Ohnehin wird sehr viel gelacht bei unserem Vor-Ort-Termin auf
der Elbinsel Wilhelmsburg. Conny und Lotte verstehen sich
blind. Ein bisschen erinnern sie an ein Ehepaar – aber an ein
glückliches, das die Marotten und Macken des anderen genauso
liebt wie die Schokoladenseiten. Sie fallen einander ins Wort und
vervollständigen gegenseitig ihre Sätze. Immer mit einem Lächeln im Gesicht.

Als ich mich mit den beiden treffe, zeigt sich der Sommer
2020 von seiner besten Seite. Die Coronakrise ist immer noch da,
aber daran denkt gerade niemand. In Monaten wie diesen ist
Hamburg für mich die schönste Stadt der Welt. Die Luft ist
warm, aber nicht stickig, eine frische Brise weht durch die Stra-
ßenschluchten, das Sonnenlicht glitzert auf dem Wasser von Als-
ter und Elbe. Wir sitzen auf einer Bierbankgarnitur vor der
Werkstatt von Bridge&Tunnel, ein Hinterhof mit industriellem
Loftcharme in Wilhelmsburg, die andere Elbseite von Hamburg,
seit zehn Jahren im Kommen, hip und auch ein wenig abgerockt,

aber bezahlbar. Ein Grund, warum die Bevölkerung dieses Stadtteils noch nicht so gentrifiziert ist wie nördlich des Flusses. Wer aus der Stadt nach Wilhelmsburg kommt, muss entweder über eine der Brücken oder durch den Alten Elbtunnel fahren – Bridge&Tunnel, daher der Name.

Constanze und Charlotte, die lieber Conny und Lotte genannt werden, geben Kleidungsstücken eine zweite Chance. Aus Alttextilien und Materialüberschüssen, unter anderem aus dem Fundus der *Lindenstraße* oder Materialkooperationen mit größeren Modefirmen, fertigen sie in der Werkstatt zeitlose, wunderschöne Taschen, Kissenhüllen, Tagesdecken und vieles mehr – hauptsächlich aus gespendeten Denims, manchmal auch aus anderen Textilien.

Sie haben es sich zur Aufgabe gemacht, dem irrsinnigen Modezirkus etwas entgegenzusetzen, in dem sie jahrelang selbst die Rolle der Konsumentinnen gespielt haben. Zwar sei sie schon früh mit dem Thema Nachhaltigkeit in Berührung gekommen, erzählt Lotte, aber auch nur, weil ihre Mutter ein Öko war.»Mit Strickpullovern und Reformhauscremes. Am besten so viel wie möglich selbst gemacht. Genau deswegen hatte das Thema auch so lange einen schlechten Ruf.« Gegen den wollte sich Lotte als Heranwachsende wehren. Ihre erste Amtshandlung nach dem Ausziehen war deswegen, sich Weichspüler zu kaufen. Eine Revolte im Hosentaschenformat.

Das erinnert mich an meine Mutter. Als meine Schwestern und ich noch kleiner waren, ging sie auch im Reformhaus einkaufen. Die»Kräuterhexe« war bei uns Kindern berüchtigt, denn das Brot war bröselig und staubtrocken, die Marmelade nicht süß und das Nutella nicht cremig. Alles schmeckte fürchterlich gesund. Andauernd führten wir Diskussionen, weil wir nicht essen wollten, was Mama auftischte. Das ging so weit, dass wir sogar die Pausenbrote wieder mit nach Hause brachten, da sie sich noch nicht mal zum Eintauschen auf dem Schulhof eigneten. Doch das hielt Mama nicht auf. Nach einem Bericht im

Fernsehen über die oft unhygienische Herstellung von konventionellem Tomatenketchup versuchte sie wieder einmal, uns zum Verzehr des Bioketchups aus dem Reformhaus zu überreden. Er kam in einer Glasflasche daher und war nicht leuchtend rot, sondern leicht bräunlich. Außerdem schmeckte er nicht nach der Sorte, die wir mochten. Wir weigerten uns, diesen Ketchup zu essen. Und meine Mutter wurde erfinderisch. Sie füllte den »gesunden« Ketchup kurzerhand in eine leere, ausgespülte Plastikflasche unseres favorisierten Ketchupherstellers um. Es dauerte Jahre, ehe wir bemerkten, dass unser Heinz-Ketchup irgendwie anders schmeckte als der bei Freunden. Kein Wunder: Es war im Vergleich zu unserem Lieblingsketchup ja auch nur die Hälfte der Zuckermenge enthalten, außerdem Tomaten, die nach Tomaten schmeckten und nicht nach irgendetwas anderem.

Beinahe 30 Jahre später weiß ich die Bemühungen meiner Mutter, uns gesunde und regionale Lebensmittel zu servieren, natürlich viel mehr zu schätzen. Genau wie Conny, die ehemalige H-&-M-Turbokonsumentin.

»Ich bin im Osten aufgewachsen, einer Mangelwirtschaft. Mode gab es in dem Umfang gar nicht, wie man das aus Westdeutschland kannte. Als ich in die Pubertät kam und zum ersten Mal selbst entscheiden konnte, was ich tragen wollte, war Shoppen eine Verheißung für mich. Ich brauchte diese Zeit, um mich und meinen Stil kennenzulernen und herauszufinden, was mir steht.«

Wer Mode heute weniger und besser konsumieren möchte, braucht in den Augen von Lotte und Conny zweierlei: Kenntnis über den eigenen Stil und die Erfahrung, sich von den eigenen Klamottenbergen erschlagen zu fühlen. »Es war irgendwann einfach zu viel. Die Auswahl machte mich fertig, genau wie der ständige Konsum«, erzählt Conny.

Heute ist sie überzeugte nachhaltige Modekonsumentin und träumt davon, nur noch Lieblingsstücke im Schrank zu haben. Modisch will sie keine Kompromisse mehr eingehen. Dazu gehört auch, sich das eigene Kaufverhalten bewusst zu machen. Oft erwerben wir keine wirklich neuen Modelle, sondern die Kleidungsstücke, die wir bereits haben und mögen, nur in anderen Materialien oder Farben. Oder, wirft Lotte ein, man kauft sich immer die gleichen Schrankleichen – weil man sich zwar wünscht, der Typ Mensch zu sein, der dieses Teil trägt, sich darin jedoch gar nicht wohlfühlt.

Bewusstes Einkaufen, bewusstes Tragen, bewusstes Recyceln. Lotte und Conny sind begeisterte Fürsprecher der Slow Fashion. In ihrem eigenen Podcast *Talk Slow – der Fair Fashion Podcast* sprechen sie seit einiger Zeit mit Menschen, die die Modeindustrie revolutionieren wollen, genau wie sie selbst. Nicht nur die Kurzlebigkeit der meisten Kleidungsstücke, sondern vor allem die Wegwerfmentalität der Produzent*innen und Konsument*innen ist ein Problem, dem die beiden Gründerinnen mit ihrem Label etwas entgegensetzen wollen. Denn die Qualität der Kleidung, die über alle Maßen günstig produziert wird, wird immer schlechter.

Im Sommer 2020 legte die Stadt Hamburg alle öffentlichen Altkleidercontainer still. Durch den ersten Lockdown im Frühjahr hatten so viele Haushalte den eigenen Kleiderschrank ausgemistet, dass die Stadt dem textilen Ansturm nicht mehr gerecht werden konnte. Zudem waren die gespendeten Kleidungsstücke größtenteils von derart minderer Qualität, dass sie nicht einmal mehr zu Putzlumpen verarbeitet werden konnten. Im Januar 2021 wurde bekannt, dass die Bekleidungsindustrie auf 500 Millionen Kleidungsstücken allein in Deutschland sitzengeblieben war, die durch die Maßnahmen gegen Corona, vor allem aber die Lockdowns in Frühjahr und Winter, nicht abverkauft werden konnten.[21] Da stellt sich natürlich die Frage: Wie kann es sein, dass in wenigen Wochen auf 82 Millionen Deutsche so viele Kleidungsstücke anfallen? Und wie kommt es, dass jedes zehnte Produkt in der Bekleidungsindustrie schon vor der Coronakrise nicht abverkauft wurde?

Die Antwort steckt im System: Wenn Modezyklen immer schneller und Trends stets kurzweiliger werden, verkommen Textilien zur leicht verderblichen Ware. Sie werden zu spät geliefert, treffen nicht den Geschmack der Kundschaft oder weisen Mängel in Verarbeitung, Material oder Schnitt auf – und schon landen sie auf dem Müllberg. Das wird voraussichtlich den meisten der 500 Millionen Klamotten passieren, die aktuell nicht verkauft werden, wie Greenpeace Anfang 2021 warnte und nüchtern attestierte: »Spätestens in der Pandemie ist dieses Wirtschaftsgebaren mit seinem ›Viel hilft viel‹-Ansatz gegen die Wand gefahren.«[22]

Früher, erzählen die Gründerinnen aus Wilhelmsburg, gingen sie mit ihren Müttern einkaufen, weil es einen Bedarf gab. Sie brauchten eine neue Hose, neue Winterschuhe, einen Badeanzug. Aus dem Bedarfskauf wurde das Shoppen: Konsumieren aus Lust, ohne dass es dafür eine Notwendigkeit gibt, einfach weil man es sich leisten kann.

Auch ich erinnere mich an einen Familienurlaub in England Ende der 1990er-Jahre. Zum Abschluss einer zweiwöchigen Fahrt durch den Lake District reisten wir nach London und besuchten dort zum ersten Mal in unserem Leben eine H-&-M-Filiale. Es war wie der Eintritt in eine andere Welt. Stylische Klamotten für den kleinen Geldbeutel. Keine Kinderkleidung, für die wir mittlerweile zu alt waren, aber auch viel cooleres Zeug als das, was in den Erwachsenenabteilungen hing. H&M wurde zu unserem Tempel, und wir waren enthusiastische Gläubige. Wir lernten, wie Konsum funktioniert: *Kaufe viel, kaufe günstig. Mehr ist mehr! Den zweiten Pullover gibt's zum halben Preis? Rein in die Tüte!* Auch wenn ich zur Verteidigung meiner früheren Reformhausmutter zugeben muss, dass sie mit der Qualität der Kleidung nie einverstanden war und uns zighundertmal erklärte, dass gute T-Shirts nach nur einem Waschgang nicht die Form verlieren sollten.

Mit dem Studium änderte sich mein Denken. Ich fing an, mich über Strickwaren zu ärgern, die nach dem dritten Tragen aussahen, als wären sie fünf Jahre alt, über Nähte, die nach dem Waschen aufdröselten, und über Shirts, die nach einem halben Jahr so gut wie keine Passform mehr hatten, weil die Seitennaht sich so verzog, dass sie in Richtung Körpermitte steuerte. All diese Dinge warf ich irgendwann in den Altkleidersack, ohne mir wirklich darüber Gedanken zu machen, was mit den Sachen im Anschluss passierte. Im Zweifelsfall etwas Gutes, sagte ich mir. Immerhin werden unsere aussortierten Klamotten ja nach Afrika gespendet. Dachte ich. Ich wusste, dass Baumwolle aus Indien und Schafwolle aus Australien kommt, und lernte im Studium alles von der Ernte über die Garnerzeugung und Weberei bis hin zum fertig konfektionierten Endprodukt. Aber über das Ende seines Lebenszyklus, wenn das erworbene Kleidungsstück schon nach kurzer Zeit den Geist aufgibt oder dem aktuellen Trend nicht mehr entspricht, wurde in den Vorlesungen und Seminaren nicht gesprochen. Geschweige denn über die Arbeitsbedingungen in den produzierenden Ländern oder über den schädlichen Chemikalieneinsatz beim Färben.

Das Lieferkettengesetz, das seit mehreren Jahren von Umweltverbänden gefordert wird und dem 75 Prozent der Deutschen zustimmen würden[23], könnte hier zumindest für ein wenig Transparenz sorgen. Es soll mehr Fairness in globalen Liefer- und Wertschöpfungsketten gewährleisten und die Arbeitsbedingungen in den Niedriglohnländern verbessern. Bislang setzte man in Deutschland auf das Prinzip der Freiwilligkeit der textilproduzierenden Unternehmen, mit ernüchterndem Ergebnis: Weniger als 20 Prozent aller deutschen Unternehmen halten sich an die Vorgaben. Ein funktionierendes Lieferkettengesetz, wie es in Frankreich, Großbritannien und sogar den USA bereits existiert, würde das Leben von 73 Millionen Jungen und Mädchen, die in ausbeuterischer Kinderarbeit eingesetzt werden, und von über 430 Millionen Erwachsenen verbessern. Es würde dafür sorgen, dass zukünftig keine 43 Millionen Tonnen Chemikalien mehr eingesetzt werden und der Anteil des Mikroplastiks von aktuell 35 Prozent, den die Textilindustrie verursacht, sinkt.[24]

Dass Unternehmen zukünftig dafür haften müssen, wenn sie Mensch und Natur Unrecht antun, gefällt naturgemäß nicht allen. Die Präsidentin des Gesamtverbands textil+mode, Ingeborg Neumann, äußerte sich in einem Interview folgendermaßen:»Unsere globalen Konkurrenten werden uns einfach aus dem Markt fegen. Und am Ende wird man sich fragen, warum ausgerechnet die deutschen Unternehmen mit ihren hohen Umwelt- und Sozialstandards nicht überlebt haben.«[25]

Man könnte an dieser Stelle erwidern: weil sie ihren Wohlstand nicht mehr auf der Ausbeutung von anderen aufbauen. Aber das wäre einer Frau wie Ingeborg Neumann vermutlich egal.

Dass es auch anders geht, zeigen die Gründerinnen Lotte und Conny. Bei Bridge&Tunnel geht es nämlich nicht nur darum, coole Designs zu machen, sondern auch soziale Verantwortung zu übernehmen.»We design society« lautet der Slogan des Labels. Deshalb haben sie ihre Werkstatt auch in Wilhelmsburg angesiedelt und ein multinationales Nähteam angestellt, das aus gesellschaftlich benachteiligten Menschen und Geflüchteten besteht. Ihre Angestellten kommen aus Indien, Nigeria, Afghanistan, aus der Türkei und anderen Teilen der Erde. In Deutschland haben sie entweder als ungelernte Kräfte oder durch den Verlust ihrer Zeugnisse Schwierigkeiten, einen festen Job zu ergattern. Bei Bridge&Tunnel bekommen sie neben dem Job auch Unterstützung beim deutschen Papierkram, der einen schnell mal erschlagen kann, insbesondere wenn man die Sprache nicht beherrscht. Die beiden Chefinnen kümmern sich um ihr Team. Hier wird auf jeden einzelnen Menschen Wert gelegt. Und das spürt man gleich vom ersten Moment an in der Werkstatt. Conny und Lotte geben sowohl den Leuten aus Wilhelmsburg als auch den Materialien, die sie verarbeiten, eine zweite Chance.

Dass der textile Nachschub jemals versiegt, ist nicht zu erwarten. 4,3 Millionen Tonnen Klamotten landen Jahr für Jahr auf dem globalen Altkleidermarkt.[26] Conny und Lotte sorgen dafür, dass zumindest ein kleiner Teil davon ein Upcycling erfährt. Je länger und langsamer ein Produktzyklus ist, desto besser ist das für die Umwelt. Eine Jeans, deren Stoff nach ihrem ersten Leben zu einer Hüfttasche, einem Kissenbezug oder einem Schlüsselband verarbeitet wird, hat einen geringeren ökologischen Fußabdruck und eine bessere CO_2-Bilanz als eine Hose, die günstig erworben, zweimal getragen und dann im Kleiderschrank vergessen wird. Logisch.

Häufig denken die Konsument*innen, dass ihr Einkauf keinen Unterschied macht. Aber das stimmt nicht, der Einzelhandel und die Modefirmen merken, wenn sich Menschen bewusst gegen ihre Marke entscheiden oder sich weigern, nach den bisherigen Regeln mitzuspielen. Jeder Kauf ist ein Stimmzettel. Immer wieder treffe ich auf Leute, die sagen: »Warum soll ich das Stück Fleisch im Restaurant nicht bestellen? Das Tier ist doch schon tot!« Diese Menschen haben nicht verstanden, dass wir in einem System leben, in dem die Nachfrage immer noch einen großen Einfluss auf das Angebot hat. Und wenn in einem Restaurant seltener Fleischgerichte bestellt werden, wird der Gastronom früher oder später entscheiden, mehr vegetarische Gerichte anzubieten, denn er will seine Gäste nicht verlieren. Die Änderung der Speisekarte wird sich wiederum auch beim Schlachtbetrieb bemerkbar machen. Genau wie leere Sitzplätze, die eine Airline nicht verkaufen konnte, und eben auch wie T-Shirts, die im Laden hängen bleiben, weil viele Menschen entscheiden, sie aus ethischen oder ökologischen Gründen nicht zu erwerben.

Es stimmt: Der Gegner, der uns gegenübersteht, ist nicht nur riesig – er übertrifft alle Vorstellungen. In seinem bemerkenswerten Buch »Konsum – Warum wir kaufen, was wir nicht brauchen« stellt Carl Tillessen fest, dass in der Mode »zwanzig

Konzerne 97 Prozent der Wertschöpfung der gesamten Industrie auf sich vereinen«[27]. Diese riesigen Textilgiganten verfügen über gewaltige Produktionsmengen, weltweite Netzwerke und einen Einfluss, wie ihn sonst nur Regierungen und Staaten haben. Ihre Macht ist so groß, dass sie selbst nicht einmal mehr die Löhne in den Fabriken drücken müssen:»In Ländern wie Bangladesch und Kambodscha legen die Regierungen selbst den gesetzlichen Mindestlohn bewusst unterhalb der offiziellen Armutsgrenze fest, um die Aufträge multinationaler Konzerne im Land zu halten.«[28] So kommt es, dass Beschäftigte in der Textilindustrie in der Regel nur einen Bruchteil des Geldes verdienen, das sie benötigen würden, um ihre Existenz zu sichern.

Es erfordert Mut, sich von schnelllebigen Trends und klassischer Saisonware loszusagen. Es benötigt eine gute Planung, um zu zeigen, dass lokale Produktion möglich ist und die Produkte dennoch erschwinglich sind. Es braucht Kreativität, sich nicht nur auf ein Material zu fokussieren, sondern aus abgelegter Ware neue Produkte zu schneidern. Und letztlich bedarf es Zeit, um jede einzelne Spende zu kuratieren, denn jede alte Jeanshose ist anders und somit jedes Accessoire, das bei Bridge&Tunnel entsteht, ein Unikat.

Es ist der Kampf von David gegen Goliath. Aber wir wissen alle, wer in der Geschichte am Ende als Sieger vom Platz ging.

Bei Lebensmitteln haben die veränderten Wünsche der Kund*innen schon eine Auswirkung gezeigt. Zwar beträgt der Anteil der Biolebensmittel immer noch gerade einmal 5,5 Prozent am gesamten Umsatz aller Lebensmittel in Deutschland. Doch binnen eines Jahres stieg der Umsatz mit Biolebensmitteln 2018 um zehn Prozent auf 11,9 Milliarden Euro.[29]

Bis fair produzierte Kleidung flächendeckend konsumiert wird, wird es leider trotzdem noch dauern. Denn Lebensmittel sind keine Kleidungsstücke. Beim Einkauf im Supermarkt erleben wir viel seltener positive Gefühle, als wenn wir eine tolle Klamotte im Sale ergattern. Dennoch ist eine grundsätzliche

Tendenz abzusehen: Der Anteil derer, die mit ihrem Kaufverhalten oder eben auch Nichtkaufverhalten ein Statement setzen wollen, nimmt stetig zu. Und wer einmal anfängt, die Herkunft einer Jeans, eines Maiskolbens oder eines Deorollers zu hinterfragen, der hört in der Regel so schnell nicht wieder damit auf.

»Seitdem ich mich bewusst mit Nachhaltigkeit auseinandersetze, gibt es keinen Bereich in meinem Leben mehr, in dem sie keine Rolle spielt. Was ich esse, was ich trage, wie ich reise, mit welchen Menschen mit welchem Mindset ich mich umgebe ... Es macht mir Spaß, Konsum anders zu denken. Es schränkt mich auch nicht ein«, sagt Conny.

»Im Gegenteil«, ergänzt Lotte. »Ein bewusster Umgang mit der Welt schenkt sogar Freiheiten, die vorher nicht da waren. Ich werde nicht mehr von 300 schwarzen Pullis in den Shops von Asos oder Zalando erschlagen, sondern suche gezielt bei den Marken, die ich mag und unterstützen möchte. Das befreit.«

»Konventionell ist einfach viel zu günstig, in allen Lebensbereichen.« Conny erzählt, wie sie vor vielen Jahren zum ersten Mal zu einem Biometzger in Ottensen ging und zwei Schnitzel kaufen wollte. An der Kasse fiel sie beinahe in Ohnmacht: 19,40 Euro für zwei Stück Fleisch? »Ich muss so entsetzt geguckt haben, dass der Metzger mir noch ein Baguette dazu schenkte.« Bis heute erinnert sie sich an das Ereignis, da es ihr gezeigt hat, was Dinge, die fair und ökologisch vertretbar produziert werden, eben wert sind.

Missionieren wollen Lotte und Conny aber nicht. Conny sagt: »Wenn ich die meiste Zeit meines Lebens auf die Herkunft und Herstellung meiner Konsumgüter achte und dann einmal ein Kleid kaufe, das nicht unter fairen Bedingungen hergestellt wurde, weil es mir einfach so gut gefällt und ich keine nachhaltige Alternative finde, dann ist das okay. Ich kriege davon doch keine Delle im Karma!« Es muss weniger Strenge her, da sind sich beide sicher, ansonsten bleiben diejenigen in der Minderheit, die ihren Konsum nachhaltig gestalten. »Auch Fast-Fashion-

Teile sind – wenn sie das Potenzial zu Lieblingstücken haben – in unseren Augen in Ordnung, indem man sie lange trägt und ihnen einen Wert verleiht.«

Wir müssen die Dinge, die uns umgeben, auch emotional neu bewerten. Wir müssen lieben, was wir haben, und pflegen, was für uns von Bedeutung ist. Es muss sich also nicht nur etwas in der Modeindustrie ändern – auch die Kundinnen und Kunden selbst sind gefragt. Denn wenn wir zukünftig zwar keine Fast Fashion mehr kaufen, aber Slow Fashion in derselben Masse und Geschwindigkeit verheizen, ist auch niemandem geholfen. Am allerwenigsten dem Planeten. Faire Mode soll dennoch Spaß machen. Wer das am wenigsten hässliche, aber fair produzierte Kleidungsstück kauft, nur um sich richtig zu verhalten, wird auf Dauer auch nicht glücklich damit.

Das wissen Lotte und Conny auch aus eigener Erfahrung. In den ersten beiden Jahren nach ihrer Gründung kommunizierten sie vor allem den sozialen und ethischen Aspekt ihres Unternehmens. Immer wieder erzählten das die Gründerinnen in Interviews – bis ihnen irgendwann auffiel, dass sie vergessen hatten, ihre Produkte zu erwähnen. »Der Kaufimpuls ist nicht, dass wir ethisch und ökologisch produzieren. Die Leute müssen das, was wir herstellen, natürlich auch schön finden.«

Darüber müssen sich Bridge&Tunnel meiner Meinung nach am allerwenigsten Sorgen machen.

5

FRAU MIT GRILL SUCHT MANN MIT KOHLE

Carolin Kunert // Knister Grill

Carolin Kunert fackelt nicht lange. »Der Plan ist, Knister Grill innerhalb der nächsten Jahre zum Marktführer in der urbanen Outdoorbranche zu machen«, sagt die 25-Jährige und lässt dabei keinen Zweifel aufkommen. Kleine Brötchen zu backen ist nicht Carolins Stil. Wenn sie etwas macht, dann richtig. Schon während des Industriedesignstudiums machte sie sich selbstständig und arbeitete als freie Designerin und in einer Agentur. WLAN-Router, Ski, Verpackungsdesign, Backöfen. Was die Leute eben wollten. Doch schon bald fiel ihr auf, dass ihre innovativen Ideen zwar gelobt wurden, sich am Ende aber doch immer wieder das konventionelle Design durchsetzte. Noch mehr ärgerte Carolin, dass sie als Designerin kaum Einfluss auf die Produktqualität und die Produktionsbedingungen hatte. Ob die Unternehmen, für die sie arbeitete, nämlich in China oder Deutschland produzierten, hochwertige oder billige Materialien verwendeten, hatte sie nicht in der Hand.

Teilweise verlangte man sogar von ihr, dass die Produkte, die sie gestaltete, nach ein bis zwei Jahren besser kaputtgehen oder nicht mehr die schöne Oberfläche haben sollten, die sie gestaltet hatte. Natürlich mit dem Ziel, die Kundinnen und Kunden zum Erwerb eines neuen Produkts zu bewegen. In der Konsumgüterbranche arbeitet man oft wortwörtlich für die Mülltonne. Das stieß Carolin sauer auf. Ihre Bemühungen, die Auftraggeber von einer Produktion in Deutschland oder andere Materialien von einer verbesserten Langlebigkeit der Produkte zu überzeugen, versandeten. »Es sind einfach zu viele Abteilungen und Instanzen involviert, um das als Einzelperson durchzusetzen. Für viele große Marken sind Nachhaltigkeit und Konsum ein Randthema. Man produziert und entwickelt so, wie man es schon immer getan hat. Selbst eine kleine Änderung der Lieferketten ist eigentlich nicht möglich.«

Irgendwann fragte sie sich: Kann ich mehr als Produkte gestalten, die nach einer bestimmten Laufzeit auf dem Müll landen? Und sie entschied, dieses System nicht länger durch ihre Designs und ihre Arbeit zu unterstützen.

Tatsächlich machen wir uns alle sehr wenige Gedanken darüber, dass jeder Alltagsgegenstand, den wir in den Händen halten, von jemandem erfunden, gestaltet und hergestellt wurde. Wir bringen Stoffbeutel mit in den Supermarkt, um Plastiktüten einzusparen, trennen unseren Müll, legen Wert darauf, unsere Äpfel nicht aus Neuseeland, sondern aus dem Alten Land zu kaufen. Aber wie wird eigentlich der Laptop produziert, auf dem wir schreiben? Woher kommen die dafür notwendigen Ressourcen? Wie sind die Arbeitsbedingungen in den Elektronikfabriken? Und wie lange verwenden wir eine Handyhülle? Einen Geldbeutel? Eine Haarbürste? Nutzungsgegenstände fliegen die meiste Zeit unseres Lebens unter dem Radar. Auch erleben wir beim Erwerb eines Produkts des sogenannten täglichen Lebens viel seltener ein wirkliches Konsumerlebnis als beispielsweise bei Kleidungsstücken. Das bedeutet, dass wir dem Konsum an sich weniger Bedeutung beimessen – und damit auch den Produkten, die wir erwerben.

Carolin stand vor der Entscheidung, wie es für sie weitergehen sollte. Wollte sie zu einem großen Unternehmen gehen und versuchen, mit nachhaltigen Designs und einer hohen Produktlanglebigkeit etwas zu verändern? Aus Erfahrung wusste sie, dass es schwierig werden würde, die Führungsetage von der teureren, aber nachhaltigen Legierung, dem recycelten, aber umweltschonenden Plastik oder dem zeitlosen Design zu überzeugen. In kleinen Manufakturen, wo die Produkte oft mit viel Liebe zum Detail und großer Sorgfalt hergestellt werden, um ihre Käuferinnen und Käufer für eine lange Zeit zu begleiten, wäre das einfacher. Doch auch der Impact ihres Wirkens würde unweigerlich geringer ausfallen.

Sie entschied sich für eine ganz andere Möglichkeit und gründete eine eigene Marke, mit dem Ziel, es so weit wie möglich in ihrem Segment zu bringen. »Wenn wir in den nächsten Jahren mit unserem Knister Grill bei einem der großen Bau- oder Supermärkte gelistet sind und 60 000 Grills verkaufen, sind das 60 000 Kunden weniger, die einen Einweggrill kaufen.«

Der Einweggrill und die günstigen Tankstellengrills sind in Carolins Augen ein besonders großes Ärgernis. Bequem und leicht, keine Frage – aber eine unglaubliche Umweltsauerei. »Geh mal im Sommer in den Englischen Garten oder an die Isar. Da siehst du nur diese Aluschalen, die nach nur einer Nutzung auf dem Müll landen oder gleich liegen gelassen werden. Schlimmer geht es eigentlich nicht«, schimpft sie zu Recht.

Die Idee für den Knister Grill kommt noch aus Carolins Studium, genauer gesagt einem Auslandsjahr in Dänemark. Sie nahm an einem Start-up-Wettbewerb teil und erfand zu diesem Zweck einen Vorläufer des Knister Grills, einen mobilen, ausziehbaren Grill aus langlebigen Materialien. Mit dieser Produktidee gewann sie überraschend den Wettbewerb. Zurück in Deutschland schrieb Carolin ihre Bachelorarbeit über das Projekt und entwickelte den Knister Grill zur Serienreife. Im Mai 2018 entschloss sie sich dazu, den Grill bei Kickstarter anzumelden, einer Crowdfunding-Plattform[30] für Produkte aller Art. Binnen kürzester Zeit hatte Carolin das benötigte Geld für die erste Kleinserie zusammen. Bereits drei Monate später wurden 170 Knister Grills ausgeliefert. Seitdem haben sich Produkt und Marke rasant weiterentwickelt. Es gibt zahlreiche Accessoires, mit denen man seinen persönlichen Knister Grill nach eigenen Wünschen ausstatten kann, seit Kurzem auch einen Gasgrill und das Grillkochbuch »Unendlich grillen«. Mittlerweile arbeiten sieben Personen für das Unternehmen, es wurden bereits über 10 000 Grills verkauft.

Gerade Stadtmenschen bietet der Knister Grill viele Möglichkeiten. Dank einer speziellen Halterung kann er auch an Balkonen oder Fahrradlenkern befestigt werden und sich so bequem transportieren lassen. In seinem Inneren befindet sich ausreichend Stauraum, um Lebensmittel unterzubringen. Da man ihn ausziehen kann, werden sechs bis sieben Personen mit dem Grillgut satt, darüber hinaus gibt es zwei verschiedene Roste, um sowohl die Karnivoren als auch die Gemüsefreunde glücklich zu machen.

Nachhaltigkeit ist für die Gründerin von elementarer Bedeutung. Sie legt nicht nur bei ihren eigenen Produkten besonderen Wert auf Langlebigkeit und Materialien. Im Idealfall kann ein Artikel nämlich nicht nur einen Lebenszyklus durchlaufen, sondern nach der primären Nutzung einen weiteren Zweck erfüllen. Carolin nennt es das »Senfglasprinzip«: »Im Versand und der Produktion kostet ein Glas viel mehr als ein Plastikbehälter oder eine Tube. In der Realität nutzen die meisten Kunden die leeren Senfgläser aber noch eine lange Zeit weiter.« Und selbst wenn das Glas irgendwann doch auf dem Abfall landet, kann es bei richtigem Recycling im Altglas noch einmal eingeschmolzen und zu etwas Neuem verarbeitet werden. Das ist Wertschöpfung pur – und für Carolin das erklärte Ziel ihrer Unternehmung. Die Liefer- und Produktionskette des Grills ist zu 98 Prozent plastikfrei. Jedes Einzelteil kann ausgetauscht und recycelt werden. Das sorgt dafür, dass nicht gleich der ganze Grill weggeschmissen werden muss, wenn doch mal etwas kaputtgeht.

Aber auch der soziale Aspekt kommt bei Knister Grill nicht zu kurz – für die Chefin ein weiterer wichtiger Faktor der Nachhaltigkeit. Sie will wissen, wer ihr Produkt auf welche Art produziert und wie diese Person dafür bezahlt wird. Deswegen wird der Knister Grill auch nicht irgendwo in Asien hergestellt, sondern ausschließlich in Deutschland.»So können wir nicht nur gewährleisten, dass alle Beteiligten von ihrem Lohn leben können, wir produzieren auch mit einem sehr kleinen ökologischen Fußabdruck.« Ein Grill von vielen anderen Marken oder No-name-Herstellern hat im Vergleich zum Knister Grill einen fünf-zigmal längeren Weg hinter sich – und das hat natürlich Auswirkungen auf die CO_2-Bilanz des Produkts. In Zahlen: Der Knister Grill aus Bayern braucht 300 Kilometer, bis er im Münchner Lager ankommt. Ein konventioneller Grill zwischen 15 000 und 20 000. Um sich das besser vorstellen zu können: Der Äquator hat eine Länge von 40 000 Kilometern. So ein normaler Grill fährt also sprichwörtlich einmal um die halbe Welt, bevor er zum Verkaufspunkt gebracht wird.

Der Standort Deutschland ist für Carolin eine Selbstverständlichkeit.»Ich will den Wohlstand unseres Landes stärken und Arbeitsplätze und Wirtschaft hier vor Ort sichern.« Deshalb werden alle Teile in Deutschland gefertigt.

Dass es nicht nur ökologisch von Vorteil ist, kurze Lieferwege zu haben und im eigenen Land produzieren zu lassen, bemerkte Knister Grill zu Beginn der Coronakrise. Da wollte mit einem Mal kein Mensch mehr die praktische Lenkerhalterung fürs Fahrrad kaufen, in die man den Grill einfach einklemmen kann. Klar, niemand sollte mehr das Haus verlassen. Stattdessen stieg innerhalb von wenigen Tagen die Nachfrage nach der Balkonhalterung. Von der gab es auf der Website noch nicht mal vernünftige Fotos. In Windeseile drehte Knister Grill einen Imagefilm über die Balkonhalterung und orderte die Halterungen beim deutschen Hersteller nach. Nur wenige Tage später konnten sie die Produkte ausliefern.»Bei einem chinesischen Lieferanten wäre das niemals gegangen. Nicht nur in Zeiten der Coronakrise, wenn die Grenzen geschlossen sind und die Ware in Containern am Hafen steckenbleibt. Der Standort Deutschland hat also auch auf den zweiten Blick sehr viele ökonomische Vorteile.«

Carolin hat noch viel vor. Doch dafür muss ihr Knister-Grill-Unternehmen wachsen – und zwar schnell. Die Erträge aus den Umsätzen sind der Gründerin deshalb nicht genug. »Du musst auf die Tube drücken, wenn du eine Marke etablieren willst. Wir haben uns natürlich vieles patentieren lassen, aber das bringt dir wenig, wenn einer mit deiner Idee auf den Markt drängt. Das Einzige, was dich wirklich schützt, sind Markenbekanntheit und reale Nutzer, die wissen, was das Original ist. Je schneller ich viele Menschen von nachhaltigen Produkten überzeugen kann, desto besser. Der Erfolg meiner Firma bemisst sich nicht im monetären Wert, sondern darin, wie vielen Menschen ich eine nachhaltige Alternative bieten kann, die kaum teurer ist oder sie anderweitig einschränkt. Klar, wir alle brauchen Geld – aber nur für den Selbstzweck zu arbeiten, das ist mir nicht genug.«

Deshalb sind seit Frühjahr 2020 auch Investor*innen an Knister Grill beteiligt. Carolin hat bei der Suche darauf geachtet, Geldgeber zu finden, die hinter ihrem Konzept des nachhaltigen, in Deutschland produzierten Produkts stehen – und gefunden. Dabei war das gar nicht leicht. Auch wenn es niemand zugibt, die meisten schrecken eben doch davor zurück, eine Frau zu unterstützen, die in einer klassischen Männerbranche arbeitet. Zudem wenn sie mit 22 allein gegründet hat und zwei Jahre später nach Investor*innen sucht.

Auch Kinder sind häufig eine Hürde beim Fundraising – selbst wenn man noch gar keine hat. »Ich finde es schade, wie sehr eine potenzielle Schwangerschaft bei befreundeten Gründerinnen ein Hindernis für die Geldgeber war. Wieso sollte ein Investment in ein von Frauen geführtes Team erfolgloser oder riskanter sein? Weil die Frau vielleicht mal ein paar Monate weniger arbeitet? Priorisierungen im Leben können sich immer ändern, und die Wahrscheinlichkeit dafür ist genauso hoch wie bei einem Mann.«

Männer geben sich, vor allem wenn es um geschäftliche Belange geht, häufig sehr selbstbewusst. »Deswegen kriegen sie oft auch mehr Geld – egal ob sie das bessere Produkt haben oder nicht. Da spielen das eigene Auftreten, Verhandlungsgeschick, aber auch das Netzwerk mit rein.«

Der Female Founders Monitor 2020 berichtet, dass gerade einmal 5,2 Prozent der weiblichen Gründer mehr als eine Million Euro oder mehr von Investor*innen erhalten haben, die Männer kommen hingegen auf 27,8 Prozent.[31] Eine schwedische Studie hat zudem herausgefunden, »dass Gründerinnen, die sich in typischer Start-up-Manier etwas weiter aus dem Fenster lehnen, damit im Vergleich zu Männern wesentlich seltener Erfolg haben. Auch hier liegt die Ursache in den unterschiedlichen Bewertungsmechanismen: Werden Männer in solchen Situationen meist als mutig und risikofreudig wahrgenommen, gelten Frauen als uninformiert und naiv«.[32] Vermutlich einer der Gründe, warum Frauen noch mehr als Männer bei der Finanzierung auf eigene Ersparnisse setzen (84,6 Prozent im Vergleich zu 81,1) und diese sogar präferieren, im Gegensatz zu männlichen Gründern, die Risikokapital mit 44,5 Prozent deutlich bevorzugen (nur 14,9 Prozent der befragten Gründerinnen gaben dieselbe Antwort).

Carolin hatte bei ihrer Investorensuche dennoch nie das Gefühl: Wäre ich ein Mann, hätte ich es leichter. »Ich habe genug Präsenz, um mich durchzusetzen und ernst genommen zu werden«, sagt sie. Deshalb versucht sie auch als Mentorin oder Speakerin, so oft es geht, Gründerinnen ein Vorbild zu sein und sie zu motivieren, sich nicht untergraben zu lassen. Es ist ihr wichtig, vor allem jungen Menschen die Option einer eigenen Gründung näherzubringen.

»In meiner Anfangszeit vor zwei Jahren war die Suche nach einem metallverarbeitenden Betrieb eine richtige Herausforderung. Wer glaubt, Grillen sei eine Männerdomäne, der soll mal als junge Frau versuchen, ein Unternehmen zu finden, das deine Grills bauen will.« Im Metallbau gibt es im Grunde nur Männerbetriebe.»Familienunternehmen in x-ter Generation von den Söhnen übernommen.« Willkommen im Macholand. Da fällt ein blondes, schlankes Mädchen auf wie ein bunter Hund. Nicht nur einmal ist es Carolin passiert, dass man sie für die Praktikantin hielt. Oder die Buchhalterin. Kaum einer hielt für möglich, dass sie die Chefin von Knister Grill ist. Aber auch hier ließ sich Carolin etwas einfallen: Damals brachte sie zu Terminen einfach einen Freund mit, ließ ihn den Anfang machen, ein bisschen über Metallverarbeitung fachsimpeln und führte anschließend knallhart die Verhandlungen. Überraschungsmoment nennt man das wohl. Die Fotos der Freunde waren damals eine Zeit lang auf der Unternehmenswebsite zu sehen. »Kein Mensch hätte die Anfragen meiner Firma ernst genommen, wenn unter ›Team‹ eine einzige Frau zu sehen gewesen wäre. Heute ist das Gott sei Dank anders.«

Auch wenn die Leute auf Messen oder in Kundengesprächen oft immer noch nicht glauben können, dass sie die Chefin von Knister Grill ist: Nach dem ersten Schock folgt in der Regel aber die Bewunderung, eben weil das Produkt so überzeugend ist. »Manche sagen dann voller Lob: ›Da haben Sie echt mitgedacht!‹ Ich kann das mittlerweile als Kompliment auffassen«, erzählt sie lachend. Außerdem ist die Gründungsgeschichte auch das Alleinstellungsmerkmal der Marke. Denn Carolin Kunert ist vermutlich die erste Frau in Deutschland, die einen Grill auf den Markt gebracht hat.

Es ist kein Geheimnis, dass es einige Branchen gibt, in denen eher Frauen arbeiten als Männer: Im Erziehungssektor, sozialen und hauswirtschaftlichen Berufen sowie dem medizinischen Bereich sind über 80 Prozent der Beschäftigten Frauen. Auch in den nichtmedizinischen Gesundheits-, Körperpflege- und Wellnessberufen, Recht und Verwaltung, Reinigung, Verkauf, Büro und Tourismus ist die überwältigende Mehrheit der Arbeitnehmer weiblich. Während Frauen also zu einem großen Teil im Dienstleistungs- und Servicesektor Arbeit finden, beträgt ihr Anteil in den Bereichen Hoch- und Tiefbau, (Innen-)Ausbau, Führen von Fahrzeugen und Transportgeräten und der Metallerzeu gung und -verarbeitung weniger als zehn Prozent. Auch in der Landwirtschaft haben die Männer wenig überraschend mit 65,6 Prozent die Nase vorn.[33]

Betrachtet man den Anteil grüner Start-ups in den verschiedenen Branchen, stellt man fest, dass die meisten im Bereich der Informations- und Kommunikationstechnologie (17 Prozent) gegründet werden, es folgen Nahrungsmittel (11 Prozent), Konsumgüter (9 Prozent), Agrar- und Landwirtschaft (7 Prozent) und Energie und Elektrizität (7 Prozent).[34] Also ausgerechnet in den Bereichen, in denen Frauen typischerweise seltener arbeiten als Männer. Dennoch ist der Anteil der grünen Gründerinnen von 2018 (18 Prozent) auf 2019 (22 Prozent) gestiegen.[35]

Die meisten Frauen gründen laut KfW-Research-Report nach wie vor im Dienstleistungssektor und im Handel, »öfter als Soloselbstständige oder im Nebenerwerb«[36]. Frauen, die ein nachhaltiges Unternehmen in den Bereichen Technik oder Energiewirtschaft ins Leben rufen, sind immer noch selten. Das liegt daran, dass Neugründungen meist in den Branchen stattfinden, in denen die Gründerinnen ausgebildet wurden und Erfahrungen sammeln konnten. Wer also die Quote der grünen und nichtgrünen Gründerinnen in »klassischen« Männerdomänen hochschrauben will, sollte Mädchen und junge Frauen dazu ermuntern, einen Beruf aus den MINT-Fächern, der Agrar- und Landwirtschaft sowie dem Energiesektor zu ergreifen.

Auch der Kundschaft gefällt es, dass Knister Grill von einer Frau erfunden wurde. Obwohl viele Frauen bis heute Respekt vor dem Grillen haben, kaufen etwa genauso viele weibliche wie männliche Kunden den Grill. Trotzdem scheint das Feuermachen auch im Jahr 2021 noch Aufgabe der Männer zu sein. Carolin Kunert will diese Hemmschwelle abbauen. 2021 bringt Knister daher auch einen Gasgrill heraus, der alles noch einfacher machen soll.

Sie hat einen Plan. Denn sie ist davon überzeugt, dass die Menschen in den Städten der Zukunft noch viel mehr Bedarf an

Erlebnissen in der Natur haben werden. Die Ballungsräume werden größer, die Wohnungen kleiner, der Lebensraum schrumpft zunehmend. Doch je weiter Technologie und Digitalisierung sich entwickeln, desto größer wird das menschliche Bedürfnis, die Welt auch mal auf ursprüngliche Art zu erleben und einfach rauszukommen. »Nach Norwegen fahren, campen, Feuer machen, im See baden, Fische mit bloßen Händen fangen. Obwohl wir hoch technologisierte Küchen haben, wird das Thema ›Kochen auf offenem Feuer‹ immer stärker. Mit der Marke Knister wollen wir nachhaltige Produkte erschaffen, die Menschen helfen, aus der Stadt rauszukommen.«

Es muss ja nicht unbedingt Norwegen sein. Die Coronakrise hat die Deutschen dazu gebracht, wieder Urlaub in der Heimat zu machen. Auf Balkonien, im Schrebergarten, in den Alpen, den Mittelgebirgen und an den Küsten. Mit dem Knister Grill kann man es sich auch in einer der Isarauen gemütlich machen, die Kohlen anfeuern und einen tollen Grillabend genießen. »Sogar« als Frau. Und heißt es nicht immer, dass Frauen an den Herd gehören?

6
DOPPELT HÄLT BESSER

Antonia Hammer // share

»Glück ist das Einzige, was sich verdoppelt, wenn man es teilt«, sagte Albert Schweitzer. Antonia Hammer, Geschäftsführerin von share, findet dagegen, dass sich noch einiges mehr verdoppeln lässt. Denn sie arbeitet für ein Unternehmen, das es sich zur Aufgabe gemacht hat, Menschen weltweit Zugang zu Essen, Trinken, Hygiene und Bildung zu ermöglichen. Und zwar nicht über eine Spendenplattform, sondern über den tagtäglichen Konsum.

Das 1+1- oder Buy-one-give-one-Prinzip ist so einfach wie genial: Für jedes Produkt, das im Einkaufswagen landet, spendet das Unternehmen ein vergleichbares Produkt oder eine Leistung, die das Leben benachteiligter Menschen verbessert. Man schlägt zwei Fliegen mit einer Klappe. Zum einen erwirbt man ein nachhaltig hergestelltes, qualitativ hochwertiges Lebensmittel oder Hygieneprodukt, zum anderen unterstützt man Personen, denen es weniger gut geht als einem selbst – das kann der Nachbar sein oder ein Mensch in einem afrikanischen Dorf, der Hunger leidet. Sozialen Konsum nennt man das bei share. Gegründet wurde das Unternehmen von Sebastian Stricker, der etwas gegen den Hunger in der Welt unternehmen wollte und zunächst die App ShareTheMeal ersann, eine einfache und transparente Methode, um die Arbeit des Welternährungsprogramms zu unterstützen.

Der UN zufolge litten allein im Jahr 2019 fast 700 Millionen Menschen an Hunger – Tendenz steigend.[37] Und das, obwohl sich die Weltgemeinschaft dazu verpflichtet hat, bis zum Jahr 2030 alle Bewohner des Planeten mit Lebensmitteln zu versorgen. Doch während in den Industrienationen Jahr für Jahr mehr Essen weggeschmissen wird (allein zwölf Millionen Tonnen in Deutschland im Jahr 2019[38]), haben die Ärmsten der Armen immer weniger. Naturkatastrophen, Bürgerkriege und Klimawandel treten in vielen Gegenden dieser Erde einfach viel zuverlässiger ein als eine gute Ernte.

Doch Spenden für den guten Zweck sind in Deutschland so eine Sache. Wir wissen zwar, dass wir in einem der reichsten Länder der Welt leben, tun uns aber dennoch schwer, etwas von unserem Wohlstand abzugeben. Stattdessen sind die meisten von uns genervt, wenn in der Vorweihnachtszeit – traditionell die Zeit im Jahr, in der die Geldbörse am lockersten sitzt und wir tatsächlich auch an das Wohl anderer denken – die Prospekte von UNICEF, Brot für die Welt oder der Kindernothilfe in den Briefkasten flattern. Im internationalen Vergleich sehen wir, was unsere Spendenbereitschaft angeht, übrigens ziemlich alt aus. Obwohl wir im Ranking der reichsten Länder der Welt (gemessen nach dem gesamten Vermögen) hinter den USA, China und Japan den vierten Platz belegen[39], stehen wir in Sachen Spendenbereitschaft gerade mal auf Platz 19[40] – hinter Ländern wie Myanmar und Indonesien, die die Liste bei den Geldspenden anführen. Das hat in diesen Nationen auch mit der Religion zu tun: In Myanmar leben viele Buddhisten, die Mönche mit Essens- oder Geldspenden unterstützen, Indonesien praktiziert als vorwiegend islamisches Land die Tradition des *Zakat*, einer Spende für Ärmere, die der Glaube fordert. Mit der religiösen Überzeugung allein lässt sich das aber nicht erklären – denn vor Deutschland stehen auch Nationen wie Australien, England, die Niederlande und Norwegen. Soweit ich weiß, sind das größtenteils christlich geprägte Länder, genau wie Deutschland. Trotzdem spenden sie mehr als wir.

Warum ist das so? Das Prinzip der Nächstenliebe dürfte uns

doch allen bekannt sein – wie wohlhabend wir im Vergleich zu anderen sind, ebenfalls. Wieso knausern wir dennoch? Für die Antwort müssen wir einen Blick auf die Motive des Spendenden richten. Der persönliche Antrieb zu spenden ist manchmal emotionaler, manchmal rationaler Natur: Wir geben aus Mitleid, Dankbarkeit, aus purer Freude am Schenken oder aus Anteilnahme. Oder aber weil wir uns Steuervorteile erhoffen, uns als edle Retter fühlen oder – noch profaner – an einem Gewinnspiel teilnehmen, wie beispielsweise bei der Aktion Sorgenkind oder der Deutschen Fernsehlotterie. In den seltensten Fällen ist es der reine, ehrliche Altruismus, der unsere Geldbörsen öffnet.

Paul Slovic ist Psychologieprofessor an der University of Oregon und untersucht das menschliche Spendenverhalten seit vielen Jahren. Er weiß: »Wir helfen anderen, weil es uns ein gutes Gefühl gibt – nicht unbedingt, weil sie Hilfe brauchen.«[41] In einer Studie fand er heraus, dass Probanden beinahe doppelt so viel spendeten, wenn sie von Einzelschicksalen dazu aufgefordert wurden, also etwa von dem Bild eines traurig aussehenden Mädchens. Zahlen und Fakten schaffen keine emotionale Verbindung, sie schrecken uns eher ab. Das ist das Prinzip des Storytellings: Ein Produkt ist nicht nur ein Produkt, eine Cola nicht nur eine Cola. Was sich gut verkaufen soll, braucht eine gute Geschichte, um in Erinnerung zu bleiben und Emotionen hervorzurufen. Das gilt für Reis im Kochbeutel genauso wie für Spendenaufrufe von Hilfsorganisationen.

Es liegt in der Natur des Menschen begründet, dass uns Hilfsgesuche vor der Haustür oder in unserem Kulturkreis eher berühren als Katastrophen in weit entfernten Gebieten der Welt. Das erklärt, warum binnen weniger Tage fast 900 Millionen Euro Spendengelder für den Wiederaufbau von Notre-Dame zugesichert wurden, die Rohingya aber immer noch in behelfsmäßigen Camps unterkommen müssen, die Jahr für Jahr vom Monsun weggespült werden. Ein Dorf in Zentralafrika, in dem es weder eine gesichertere Wasserversorgung noch eine Krankenstation gibt, ist für uns einfach sehr weit weg. Auch die Tatsache, dass es wenige Medienberichte aus diesen Regionen gibt, schlägt sich auf unsere Spendenbereitschaft nieder. Bei singulären Katastrophen indes ist das mediale Echo für eine gewisse Zeit riesig – und damit auch die Hilfsbereitschaft. Deshalb hat es Ärzte ohne Grenzen schwer, Geldmittel für Ebolaimpfungen einzusammeln, wohingegen eine Naturkatastrophe wie der Hurrikan Katrina die Menschen sofort dazu bringt, Beträge zu überweisen.

Darüber hinaus weiß man ja nie so richtig, wie viel von dem Geld, das man spendet, am Ende auch wirklich beim Hilfsbedürftigen ankommt. In der Regel werden für Verwaltung und Marketing nicht mehr als 30 Prozent der Spende[42] fällig – bei vielen Organisationen, die das Spendensiegel für gemeinnützige Organisationen des Deutschen Zentralinstituts für soziale Fragen erhalten, sind es sogar nur 13 Prozent.

Als ich mich auf das Gespräch mit Antonia vorbereite, frage ich mich, warum es mir so viel leichter fällt, Geschenke für ein mir unbekanntes Kind für »Weihnachten im Schuhkarton« zu besorgen oder eine Zeit lang ehrenamtlich im Weltladen um die Ecke zu arbeiten, als einfach mal 100 Euro an UNICEF zu überweisen. Möglicherweise deshalb, weil ich weiß, dass von dem Weihnachtskarton 100 Prozent bei dem Kind ankommen. Vielleicht bin ich naiv, wenn ich denke, dass sich die Organisatoren keinen der Buntstifte in die eigene Tasche stecken, die ich für den Karton gekauft habe. Beim Weltladen ist es dasselbe: Von der Zeit, die ich dort verbringe, kann niemand etwas für sich einbehalten.

Dabei ist mir natürlich klar, dass hinter den wenigsten Spendenorganisationen raffgierige Verbrecher stecken, die das Geld selbst einkassieren. Von irgendwas müssen die Menschen, die bei der Deutschen Welthungerhilfe, dem Deutschen Roten Kreuz oder Amnesty International arbeiten, aber auch leben – ansonsten würde niemand diese Jobs übernehmen. Dennoch gibt es eine emotionale Hürde in meinem Inneren, über die ich viel zu selten hinwegkomme.

Aus eben jenem Grund finde ich das Prinzip von share überzeugend: Ich erwerbe Dinge, die ich sowieso brauche, beispielsweise Seife, Klopapier oder Nudeln, und weiß, dass genau das, was für eine äquivalente Hilfeleistung nötig ist, von share in ein soziales Projekt gesteckt wird. Wohlgemerkt: Das ermöglicht share vom Umsatz, nicht von einem möglichen Gewinn, wie viele andere Unternehmen das tun. Meine Summe ist zwar geringer, als wenn ich an Brot für die Welt spende – aber meine Bereitschaft, zu einem share-Produkt zu greifen, ist dennoch höher. Schließlich will ich heute Mittag Nudeln essen, und wenn ich sie sowieso einkaufen muss, kann ich es doch gleich mit einem guten Zweck verbinden. Spenden als praktischer Nebeneffekt. Es tut interessanterweise viel weniger weh, etwas »abzugeben« oder zu spenden, wenn man dafür etwas zurückbekommt. Einerseits Ware, andererseits ein gutes Gefühl. Verblüffend, wie einfach es manchmal sein kann. Und erstaunlich, dass nicht schon früher jemand auf die Idee kam, das 1+1-Prinzip auf Produkte des täglichen Bedarfs anzuwenden.

Nachdem Sebastian Stricker mit seiner App in sehr kurzer Zeit erfolgreich wurde, gründete er zwei Jahre später zusammen mit Ben Unterkofler, Iris Braun und Tobias Reiner share. Von Anfang an verkaufte das Unternehmen seine Produkte in den rund 5000 Filialen von REWE und dm. Seitdem sind viele Kooperationspartner wie die Deutsche Bahn, IKEA, Shell und Eurowings hinzugekommen. Der Erfolg blieb nicht lange unbemerkt: share zählte 2019 zu den zehn Prozent aller sogenannten Benefit-Corporation-Unternehmen, die weltweit den größten Nutzen für die Gemeinschaft bringen, und wurde mit zahlreichen Preisen, vor allem für sein Sozialunternehmertum, ausgezeichnet. Social Entrepreneurship nennt man dieses Modell in Fachkreisen und versteht darunter eine unternehmerische Tätigkeit, die sich »für einen positiven Wandel der Gesellschaft, für das Gemeinwohl sowie die Lösung sozialer Probleme oder für die Umwelt«[43] einsetzt. Im Gegensatz zu Non-Profit-Organisationen sollen beim sozialen Unternehmertum Gewinne gemacht und die Firma rentabel geführt werden. Bekannte Beispiele für Social-Entrepreneure sind Marken wie einhorn, die Suchmaschine Ecosia und der Limonadenhersteller Lemonaid. Bemerkenswerterweise ist der Frauenanteil bei sozialen Unternehmen im Vergleich zu konventionellen, rein gewinnorientierten Firmen bis zu 50 Prozent höher.[44] Ein Schelm, der Böses dabei denkt.

2018, im ersten Jahr des Bestehens, verkaufte share gleich mal acht Millionen Produkte, wodurch 51 Brunnen in Liberia, Kambodscha und Äthiopien gebaut, zwei Millionen Mahlzeiten und mehr als eine halbe Million Seifen verteilt werden konnten. Damit die Käuferinnen und Käufer sehen, welches Projekt sie mit ihrem Kauf unterstützen, finden sich auf allen Verpackungen QR-Codes, die einen direkten Zugang zum Hilfsprojekt und der bislang gesammelten Spendensumme ermöglichen.

Diese Information erleichtert es mir nicht nur, etwas Gutes zu tun – es hilft mir auch bei der Auswahl im Supermarkt. Mit jedem Kauf, den ich tätige, treffe ich ja auch eine Aussage über mich und meine Geisteshaltung. Nehme ich die Schokolade von GUT&GÜNSTIG für 99 Cent? Oder lege ich Wert auf die Fair-Trade-Tafel, die gleich mal das Dreifache kostet? Wie viel kommt dabei wirklich bei den Kakaoherstellern an? Sebastian Stricker und sein Team haben eine einfache Lösung gefunden, zugleich gute Dinge erwerben und gute Dinge tun zu können.

Für das Interview habe ich mich mit Antonia Hammer verabredet. In der Zeit nach meiner Reise durch Südamerika hatte ich mich selbst einmal auf eine Stelle bei share beworben. Die Stelle habe ich seinerzeit nicht bekommen, aber den Kontakt zu Antonia, die sofort zusagte, als ich sie für die *Green Rebels* anfragte. Bevor sie bei share einstieg, hatte sie schon mehrere Start-ups mit aufgebaut. Ihr eigenes Unternehmen war zwar nicht erfolgreich, allerdings konnte sie viele wertvolle Erfahrungen daraus mitnehmen. Vor allem auch, da sie Umsetzerin und weniger Visionärin ist.

Visionär ist ein großes Wort. Sofort fallen mir zahlreiche Männer ein, die mit ihren Visionen die Welt verändert haben. Mark Zuckerberg, Gottlieb Daimler, Leonardo da Vinci. Für Frauen wird dieser Begriff seltener verwendet. Marie Curie und Rosalind Franklin laufen mir bei einer Internetrecherche über den Weg. Und Beate Uhse. Mit keiner der dreien kann ich mich auch nur ansatzweise identifizieren.

Was braucht es eigentlich, um als Visionärin zu gelten? Erneut befrage ich das Internet und stoße immer wieder auf dieselben Eigenschaften: Neugier, Offenheit, Mut, Entscheidungsfreudigkeit und die Fähigkeit, über den Tellerrand zu blicken. Ich weiß nicht, ob es nur mir so geht, aber keine dieser Eigenschaften kommen mir »typisch weiblich« vor. Liegt das daran, dass es so wenig weibliche Vorbilder gibt? Oder weil Frauen eben immer noch anders erzogen und ihre visionären Eigenschaften nicht gefördert werden?

»Frauen rückversichern sich häufiger«, meint Antonia, als wir auf den Punkt zu sprechen kommen. »Die wenigsten marschieren unbeirrt voran. Ich will auf keinen Fall sagen, dass Frauen nicht gründen sollen oder keine Visionäre sind. Viel eher, dass Frauen gerne mutiger sein und sich mehr zutrauen können.«

Weil es nur so wenig Frauen unter den Vorbildern gibt, gibt es weniger weibliche Visionäre, stellen wir fest. Genau wie Vorständinnen, Managerinnen und Gründerinnen. Denn um sich zu trauen, den Schritt der eigenen Unternehmensgründung zu gehen, muss man sich schon ziemlich sicher sein, dass die eigene Idee nicht nur gut, sondern außergewöhnlich ist. Man muss den Mut haben, diese Idee zu verkaufen, und da hilft es häufig, Vorbilder zu haben, die es einmal vorleben. Antonia sagt einen Satz, der mir noch lange durch den Kopf geistern wird: »Männer denken in Potenzialen, Frauen in Defiziten.«

Verdammt, denke ich, sie hat recht. Auch ich traue mich nicht, das größte Stück des Kuchens für mich zu beanspruchen. Während meiner ersten Anstellung war es für mich immer ein innerer Kampf, nach mehr Gehalt oder mehr Verantwortung zu fragen. Als würde ich mir selbst nicht zutrauen, was mein Vorgesetzter in mir sehen soll. Allerdings, glaubt Antonia, könne man diese vermeintliche Schwäche auch als Stärke sehen – der kritische Blick hilft, sich auf die wirklich großen Potenziale zu fokussieren und nicht jeder Idee hinterherzulaufen. Solange man sich bewusst macht, dass man eher zu den Zweiflern gehört und auch mal bewusst gegensteuert.»Mir hat es sehr geholfen zu verstehen, dass andere die gleiche Situation ganz anders interpretieren – und zwar positiver. Ich hinterfrage mich heute häufiger, ob ich die Situation vielleicht zu negativ sehe.«

Die meisten Gründer sind immer noch männlich. Das hat auch damit zu tun, dass Investor*innen bei Frauenteams generell eher zurückschrecken als bei Männern. In einer Studie von Docsend, einer Plattform für Dokumentenaustausch, wurden mehr als 400 sogenannte Pitch Decks ausgewertet. Als Pitch Deck bezeichnet man die Präsentationen, mit denen Start-ups ihre Idee, den Businessplan und das Team vorstellen, um für Investitionen zu werben. Es kam heraus: Interessierte Geldgeber verbrachten bis zu 50 Prozent mehr Zeit mit der Analyse der Portfolios, die von Frauen eingereicht worden waren; vor allem bei den bisherigen Erfolgen und den Produktfolien blieben sie hängen. Nicht aber bei den Folien, in denen es um die geplante beziehungsweise die erbetene Finanzierung ging. Da schauten sie im Schnitt 30 Prozent kürzer hin als bei den männlichen Gründern. Ausgerechnet![45]

Dürfen Frauen in unserer Gesellschaft am Ende gar keine Visionäre sein? Die Boston Consulting Group (BCG) hat darauf eine eindeutige Antwort:»Start-ups von Frauen erhalten weniger Investitionen und schlechtere Bewertungen als von Männern gegründete Unternehmen.«[46] Unter anderem auch dieses fehlende Kapital sorgt dafür, dass weniger Frauen gründen – und sich im Umkehrschluss weniger zutrauen. Wenn sich das nicht ändert, werden wir voraussichtlich erst im Jahr 2139 Geschlechterparität in deutschen Gründerteams erreicht haben, orakelt die BCG.

Ja, genau. 2139. Nicht einmal mein Sohn, der 2020 geboren wurde, wird das noch miterleben.

Auch Antonia wollte nicht so lange warten. Heute bildet sie gemeinsam mit Sebastian die Geschäftsführung und ist dafür verantwortlich, dass die großen Ideen Realität werden. Denn das ist ihr Talent, sie kann gut umsetzen und die Füße auf dem Boden behalten. Für ein Team, findet Antonia, hat man idealerweise beides: einen Außenminister, der das Unternehmen repräsentiert und mit furchtlosen, manchmal verrückten Ideen voranbringt, und einen Innenminister, der die ganze Chose zusammenhält und dafür sorgt, dass auf Worte auch Taten folgen. Dabei ist es vollkommen egal, ob der Visionär ein Mann oder eine Frau ist – ohne Menschen, die ihn oder sie unterstützen, wären viele Vorhaben vermutlich nicht mehr als sehr viel heiße Luft. Hätte Elon Musk kein fähiges Team, das seine visionären und zuweilen extravaganten Einfälle umsetzt, wäre er nicht mehr als ein reicher, mittelalter Mann, der von einem Leben auf dem Mars träumt.

Eine nicht weniger verrückte Idee hatte eben auch Sebastian: Wie kann man Spenden leichter gestalten? Antonia, die sich in ihrem Berufsleben bereits mit nachhaltigen Lösungen beschäftigt hatte, kam zu einem Zeitpunkt zu share, als die Gründung gerade erfolgt, die Verträge mit REWE und dm unterschrieben waren und klar war, dass share nicht nur drei ökologisch wertvolle Müsliriegel verkaufen würde. Seitdem gab und gibt es jede Menge Raum, das Unternehmen weiterzuentwickeln und dem Ziel näherzubringen, es zur landesweit wichtigsten Marke für Produkte des alltäglichen Bedarfs zu machen. Wachstum ist im Unternehmen also ausdrücklich erwünscht. »Je mehr Marktanteile wir übernehmen, desto mehr helfen wir«, erklärt Antonia.

»Wir wollen zeigen, dass sich Social Entrepreneurship lohnen kann. Die Kombination aus guten Taten und Erfolg am Markt ist für mich einfach unschlagbar.«

Während wir sprechen, coronakonform leider nur über Videocall, denke ich über mein eigenes Bild vom Big Spender nach. Wieso glaube ich eigentlich, dass man nur mit Jutebeutel herumlaufen darf und in NGOs arbeiten muss, wenn man etwas Gutes tun will? Warum ist soziales und ökologisches Gewissen immer noch so dermaßen unsexy? Und steht es wirklich im Widerspruch zum Geldverdienen? Vielleicht ist genau das der Kern des Problems: In unserer Vorstellung gibt es entweder das eine oder das andere: Gutes tun oder erfolgreich sein. Beides gleichzeitig geht offenbar nicht.

share und andere soziale Unternehmen beweisen, dass die Bilder in unseren Köpfen überholt sind. Allerdings ist es herausfordernd, das »Richtige« zu tun. Es erfordert intensive Recherche, viel Zeit, Mühen und Kosten. »Wir wollen so viel wie möglich gut machen. Das fängt beim Produkt an und hört bei der Verpackung auf. Wir können ja schlecht die Erlöse einer Schokolade, die nicht fair gehandelt wurde, verwenden, um irgendwo auf der Welt eine Mahlzeit zu verteilen – das wäre sarkastisch. Unser Anspruch ist daher, jeden Produktions- und Lieferschritt transparent und so fair wie möglich zu gestalten. Da wir keine Spendenorganisation sind, müssen wir aber wirtschaften.«

Dazu gehört auch, allen Teammitgliedern ein kompetitives Gehalt auszuzahlen und dennoch immer einzukalkulieren, dass am Ende des Tages eine Spende abgeht. Das ist möglich – aber es ist komplex. Immerhin dürfen die Endpreise nicht höher sein als die der Konkurrenz. Ansonsten kauft niemand von share, und das würde weder dem Unternehmen noch den Hilfsprojekten helfen. Das erklärte Ziel lautet: Jeder Weg zur Kasse soll etwas Positives bewirken.

Nicht immer kann share den eigenen Ansprüchen gerecht werden. Die Firma versucht, jeden Inhaltsstoff nachzuvollziehen und die Produktion in jedem Schritt offenzulegen. Das gelingt meistens, aber eben nicht lückenlos. Deswegen müssen manchmal pragmatische Entscheidungen getroffen werden. Antonia sagt: »Wenn wir uns zwischen einem italienischen und einem taiwanesischen Lieferanten entscheiden müssen, schauen wir uns die Produktionsbedingungen an. Wenn die Bedingungen in Italien besser sind als in Taiwan, entscheiden wir uns für den europäischen Lieferanten, auch wenn er teurer ist. Aber wir können nicht jede einzelne Ananas überprüfen, die wir einkaufen.«

In den Gesprächen mit den Gründer*innen höre ich das immer wieder: dass man nicht alles perfekt machen kann. Aber dass jeder noch so kleine Schritt in die richtige Richtung besser ist, als es gar nicht erst zu versuchen. Es ist ein tröstlicher Gedanke, sich nicht grämen zu müssen, wenn man nicht alles von Anfang an ethisch und ökologisch zu einhundert Prozent korrekt macht – vielleicht gelingt es sogar nie. Ein Beispiel ist die Wasserflasche von share: Sie ist aus Plastik und damit grundsätzlich nicht gut für die Umwelt. Doch wer gerade unterwegs ist und sich etwas zu trinken kaufen möchte, will meistens keine schweren Glasflaschen kaufen. Daher hat share als erster Anbieter in Deutschland die Flasche aus 100 Prozent recyceltem Plastik hergestellt – die damit um ein Vielfaches besser ist als das Vergleichsprodukt der meisten großen Hersteller, das meistens gerade mal zu 30 Prozent aus recyceltem Plastik besteht. share macht vielleicht noch nicht alles richtig. Aber sie sind auf einem verdammt richtigen Weg.

7
NO MILK TODAY

Franciska Császár und Florian Gansemer //
Daily Greens

Seit meinem zwölften Lebensjahr bin ich Vegetarierin. Inspiriert durch meine große Schwester, die eines Tages verkündet hatte, kein Fleisch mehr essen zu wollen, schloss ich mich ihr an. Ich fand es gut, auf das Tierwohl mehr Rücksicht zu nehmen. Meine Schwester hatte aber ganz andere Motive. Sie wollte aus einer pubertären Laune heraus meiner Mutter eins auswischen und ihr das Kochen erschweren, weshalb sie ihre vegetarische Phase nur ein paar Monate durchhielt. Ich hingegen hatte nichts gegen meine Mutter und wollte dennoch kein Fleisch mehr essen. Nicht nur aus Überzeugung, sondern irgendwann auch aus Gewohnheit.

Aus Gewohnheit aß ich auch weiterhin Fisch, was mich streng genommen zu einer Pescetarierin machte. Zwar war mir bewusst, dass Fische auch Tiere sind, aber aus einem Grund, den ich heute nicht mehr benennen kann, sprach ich ihnen das ab, was ich Rindern, Geflügel und Schweinen gestattete: das Recht auf Leben. Als ich zum ersten Mal vom Veganismus hörte, fand ich das Konzept spannend – aber auch ziemlich radikal. Nie wieder Eier, Milch, Joghurt, Käse? Das konnte ich mir nicht vorstellen.

Doch nach fast zwei Jahrzehnten als Vegetarierin brachten mich ein paar aktuelle Reportagen und Filme über den Zusammenhang tierischer Erzeugnisse mit unseren Klimakatastrophen und Volkskrankheiten dazu, meine Ernährungsweise erneut grundlegend zu hinterfragen. Die Offenbarungen, die sich mir auftaten, waren selbst für mich als eingefleischte Vegetarierin bewegend. Plötzlich fühlte ich mich schlecht, weil ich nach wie vor Eier, Milch und Käse aß – zwar vom Biosupermarkt, aber was heißt das schon? Ich wollte das ändern. Ich wollte *mich* ändern. Und ich scheiterte grandios. Ich versuchte zwei vegane Tage die Woche einzuführen, jeweils den Dienstag und Donnerstag, aber in der Kantine gab es keine veganen Gerichte, die satt machten, abgesehen von nackten Pellkartoffeln und der Salatbar. Ich schaffte es nicht rechtzeitig, vegane Produkte für die Tage einzukaufen, und ärgerte mich, dass ich den Käse im Kühlschrank eigentlich dringend aufbrauchen müsste, aber heute ja der vegane Verzichtdonnerstag war. Hinzu kam, dass ich viel unterwegs war und bei einer Reise in Italien meine Begleiterin quer durch die Stadt scheuchte auf der Suche nach einem veganen Restaurant, was uns beide nicht nur Zeit, sondern auch Nerven kostete. Ich war frustriert. Noch mehr bedrückte mich, dass ich anderen mit meiner Ernährungsweise Unannehmlichkeiten bereitete, weil man als Veganer eben immer die Extrawurst is(s)t. Und das noch nicht mal, weil man eine Lebensmittelallergie hat, sondern weil ich mir vorgenommen hatte, mich häufiger pflanzlich zu ernähren.

Erst ein Gespräch im Rahmen eines Workshops zum Thema Nachhaltigkeit auf einem Hippiefestival öffnete mir die Augen: Ich war die Sache zu verkopft angegangen, zu steif, zu dogmatisch. Statt mir jeden Dienstag und Donnerstag zu untersagen, tierische Produkte zu essen, könnte ich doch zwei flexible Tage die Woche wählen, an denen es mir je nach Situation einfacher fiele, mich darauf einzustellen. Oder jeweils eine vegane Mahlzeit am Tag, so der Ratschlag. So irre das klingt, die Idee kam mir selbst gar nicht. Ich war wie erlöst. Und ging es seitdem deutlich gelassener an. Damit zog auch die Freude am Essen und wie von selbst mehr Veganismus in mein Leben ein.

Als ich Franciska Császár und Florian Gansemer vom veganen Lieferservice Daily Greens treffe, steht zum zweiten und danach auch letzten Mal kein Videobildschirm zwischen mir und meinen Interviewpartnern. Mittlerweile habe ich mich schon so daran gewöhnt, die Gespräche mit den Green Rebels virtuell abzuhalten, dass es sich beinahe ein wenig merkwürdig anfühlt, echte Menschen im echten Leben zu treffen. Wir verabreden uns in der Hafencity Hamburgs, unweit des Buenos-Aires-Kanals. Das Areal ist neu, so wie alles in diesem Viertel, das von riesigen gläsernen Hochhäusern, offenen Plätzen und frisch angelegten Grünanlagen geprägt wird. Auf der gegenüberliegenden Seite der Elbe ragen die Löschkräne in die Luft, über den Himmel ziehen, wie so oft im Norden, die Wolken und türmen sich zu abstrakten Gebilden auf.

Ich bin mit Franciska und Florian verabredet, zwei der drei Daily-Greens-Gründer*innen, im Foodlab, einem Co-Working-Space für Food-Start-ups samt Mietküche und einer Pop-up-Fläche für Restaurants mit angrenzendem Café. Als ich meinen Cappuccino bestellen will, fragt der Barista hinter der Theke: »Mit normaler Milch?«

Florian lächelt. »Er meint Eutermilch. Da geht es schon los.«

Was ist eigentlich normal? Darüber mache ich mir vor allem Gedanken, seitdem ich Veganerin bin. Normal ist das, was der Norm entspricht, und der Norm entspricht, was wir als selbstverständlich erachten, was nicht mehr erklärt und nicht entschieden werden muss. Sagt zumindest Wikipedia in ähnlichen Worten. Wenn das stimmt, ist für Franci, Flo und mich pflanzliche Milch »normale Milch«, denn unsere Ernährungsgewohnheiten sind für uns selbstverständlich. Laut einer Studie des Allensbacher Instituts aus dem Jahr 2020 ernährten sich 1,13 Millionen Menschen in Deutschland vegan, Tendenz steigend. 2016 waren es hierzulande gerade einmal 800 000.[47] Zum Vergleich: 6,5 Millionen Deutsche ernähren sich 2020 vegetarisch, 80 Prozent davon sind Frauen.[48] Die vegane Lebensmittelmarke veganz kommt in einer eigenen Studie jedoch auf andere Zahlen. Der zufolge sind in Deutschland 3,2 Prozent der

Bevölkerung vegan, 4,4 Prozent vegetarisch, 29,1 Prozent Flexitarier und 4,6 Prozent Pescetarier, was bedeuten würde, dass sich 2,65 Millionen Menschen in Deutschland vegan ernähren.[49] Da man seine Ernährungsgewohnheiten nicht wie eine Religion oder ein Geschlecht beim Einwohnermeldeamt angeben muss, ist es schwierig, auf absolute Zahlen zu kommen. Aber egal ob 1,3 oder 2,65 Millionen: Es sind zu wenige, um als neues Normal zu gelten.

Das hat auch mit der Gesetzgebung zu tun. Denn Getränke aus Soja, Hafer oder Reis dürfen nicht Milch heißen. Dieses Privileg ist nur Kuh-, Schafs- oder Ziegenmilch vorbehalten, alles Pflanzliche wird zum »Drink« deklariert. Im Supermarkt ist mir das relativ egal, und im mündlichen Sprachgebrauch reden sowieso alle, wie sie wollen. Wenn ich in einem Café aber »Kaffee mit geschäumtem Sojadrink« auf der Karte sehe, schaudert es mich. Es klingt nicht nur umständlich, es klingt unappetitlich – kein Wunder, dass sich die meisten Deutschen immer noch für »normale« Milch entscheiden. Die merkwürdige Regelung trifft übrigens nicht auf Kokosmilch zu. Und auch nicht auf Liebfrauenmilch, einem Weißwein aus Rheinhessen, oder Fischmilch, womit der Samen bestimmter Fischarten bezeichnet wird. Und erst recht nicht bei Sonnenmilch, die hingegen aber nicht einmal zum Verzehr geeignet ist, was der Konsument aber offensichtlich versteht – im Gegensatz zu Hafermilch, die ihn vor Rätsel stellt.

»Was ist das für ein Tier, der, die oder das Hafer? Hat es ein Euter? Kann man es melken? Darf ich es *essen*?«

Das ist nicht nachvollziehbar und nicht logisch. Aber das ist im EU-Recht ja so einiges nicht, man denke nur an die Debatten, wie krumm eine Gurke und wie dick eine Banane sein dürfen, die es in Supermarktregale der EU schaffen wollen. 2020 wurde im Europäischen Parlament sogar darüber debattiert, ob Sojaschnitzel, Veggieburger und Seitangulasch umbenannt werden sollen. Landwirtschaftsverbände waren der Meinung, dass vegane und vegetarische Produkte keine Fleischbezeichnungen tragen dürften, weil dies die Verbraucher täusche. Aus Sicht der Verbände sogar nachvollziehbar, denn sie fühlen sich von den Ersatzprodukten bedroht. Immerhin sind die Unternehmen, die pflanzliche Bratwürste, Steaks und Hackbällchen auf den Markt bringen, damit zum Teil erfolgreicher als mit den Fleischalternativen. Die Rügenwalder Mühle machte 2020 zum Beispiel mehr Umsatz mit pflanzlichen Produkten als mit tierischen[50] – unter anderem auch durch ein verändertes Bewusstsein der Verbraucher im Zuge der Coronakrise oder die Skandale bei Tönnies. Das bedroht die Viehzuchtbetriebe, Schlachtereien und die großen Firmen der Fleischproduktion. Glücklicherweise lehnte das Parlament den Einwand der Agrarlobby jedoch ab. Sojaschnitzel bleibt Sojaschnitzel. Ein kleiner Schritt auf dem langen Weg zur Normalität.

Denn Sprache verändert Bewusstsein. Auch ein Grund, warum einige Veganer nicht von veganem, sondern pflanzlichem Essen sprechen: Vegan klingt in den Ohren vieler Flexitarier und Karnivoren dogmatisch – zu häufig wurde man von aggressiven Gestalten dieser Gattung im Bekanntenkreis schon in unangenehme Gespräche über Tierrechte und die Rettung der Welt verwickelt. »Pflanzlich« klingt nett, harmlos beinahe.

Das weiß auch Franci. Sie ist seit fast fünf Jahren in Deutschland, geboren und aufgewachsen ist sie in Ungarn. Wie ich aus eigener Erfahrung weiß, hat man in diesem Land selbst als Vegetarier den Exotenstatus. Meine Familie mütterlicherseits kommt aus Elek, einem kleinen Dorf an der ungarisch-rumänischen Grenze. Wenn wir als Kinder mit Oma und Opa in ihrem Ferienhaus in der Puszta Urlaub machten, war eigentlich alles, was wir aßen, aus Fleisch oder Wurst. Ähnlich wie in der deutschen oder österreichischen Küche ist das Fleisch immer noch der Protagonist auf dem Teller, das Gemüse spielt meistens nur eine Nebenrolle.

Franci, die seit vielen Jahren als Veganerin lebte, sah in Ungarn nicht nur kulinarisch keine Zukunft mehr. Mit zwei Bachelorabschlüssen in der Tasche arbeitete sie in einer Rohkostküche und hatte Hunger auf mehr. Sie beschloss, nach Frankfurt am Main zu gehen, auch um ihr Deutsch zu verbessern. Zuerst arbeitete sie im Service eines Restaurants, dann fing sie an zu kochen – immer vegan, was ihr Chef jedoch nicht unbedingt begrüßte. Nach dem Fernstudium zur veganen Ernährungsberatung entschied sie: Ich mache mich selbstständig. Sie gründete den ersten rein pflanzlichen Cateringservice in Frankfurt. »Einfach so«, sagt sie heute und lacht über ihren eigenen Wagemut. »Ich baute mir eine Website, erzählte es ein paar Freunden und Kollegen und wartete ab. Ich hatte 300 Nebenjobs, um mich über Wasser zu halten, bis die Sache wirklich anlief.« Das war schon sechs Monate später der Fall, weshalb sie sich vollständig auf das Catering konzentrierte. Zwei Jahre lang war sie sehr erfolgreich, doch aus privaten Gründen wollte sie nach Hamburg ziehen. Glück gehabt, möchte man meinen. Denn durch den Ausbruch der Coronakrise wäre es 2020 und 2021 mit dem Catering von Feiern nicht einfach geworden. Das wusste Franci natürlich nicht, als sie nach Hamburg kam.

»Hinter jeder erfolgreichen Frau stehen zwei total frustrierte Männer«, sagt Florian grinsend. Genau wie sein Freund Marc, Francis Partner und Grund für ihren Umzug nach Hamburg, fühlte er sich bereits seit Längerem nicht mehr wohl in seinem Job. Er arbeitete bei kununu, einer Internetplattform für Arbeitgeberbewertungen, Marc bei einer Unternehmensberatung. Ihnen fehlte, was so viele Menschen im Beruf heute vermissen: eine Bestimmung.

»Es ist ja nicht so, dass mein alter Arbeitgeber keinen Purpose hat«, erklärt er. »Aber ich habe den Sinn meiner Arbeit nicht mehr gefunden.« Und zwar schon zum zweiten Mal. 2017 war er bereits aus dem Unternehmen ausgeschieden, um ein Start-up zu gründen, ein Tinder für Lunchdates im Unternehmenskontext. Denn je größer eine Firma wird, desto anonymer wird sie auch. Man kennt noch die Kollegin aus derselben Abteilung, aber wer arbeitet eigentlich in der Etage darüber? Die App lief leider nicht so gut an, wie Flo sich das erhoffte, weshalb er nach zwei Jahren das Welcome-back-Angebot von Xing annahm. Doch nach einem halben Jahr war wieder Schluss. Florian erarbeitete gemeinsam mit einem Coach die Werte, die ihm wichtig waren, und stellte fest: Die passten überhaupt nicht zu seinem Job.»Ich habe gemerkt, dass ich nicht mehr ich selbst war. Ich spielte eine Rolle, meinem Team gegenüber, dem Unternehmen gegenüber. Das fühlte sich einfach nicht mehr richtig an.« Heute würde er seinem Ich vor einem Jahr sagen:»Hör auf zu zweifeln. Du brauchst diese Karriere nicht. Du brauchst die Zweifel nicht. Hör auf deinen Bauch. Ein sechsstelliges Gehalt macht dich ungefähr eine Minute lang glücklich, nämlich dann, wenn du auf dein Konto schaust. Den Rest der Zeit bist du gestresst und unzufrieden. Das ist es nicht wert.«

Auch Franci ist zufrieden mit ihrer Entscheidung, ihr erfolgreiches Business in Frankfurt beendet zu haben, um nach Hamburg zu kommen.»Es kommt alles so, wie es kommen muss«, sagt sie und lächelt.»Und mein Bauchgefühl für die Daily Greens war immer gut.«

Flo hörte ebenfalls auf sein Bauchgefühl und kündigte im Dezember 2019 ein weiteres Mal. Kurze Zeit später fand er sich in der Küche von Franci und Marc wieder. Die Jungs beschlossen: Wir helfen unserer Freundin beim Aufbau eines veganen Lieferservice in Hamburg. Das Know-how aus den unterschiedlichsten, aber notwendigen Bereichen für eine Unternehmensgründung brachten sie mit. Franci die kulinarische Expertise und die Kenntnisse zur Kalkulation von Gerichten, Marc die Zahlenstärke und die analytischen Fähigkeiten und Flo das Netzwerk und seine Erfahrung als Geschäftsführer unterschiedlicher Startups.

Wichtig war den dreien von Anfang an, niemals den moralischen Zeigefinger zu erheben.»Wir wollen keinem sagen, was er essen darf und was nicht«, erklärt Flo.»Aber alle mögen Francis

Essen, und niemand fragt nach, ob das vegan ist oder nicht. Wir glauben, dass das der richtige Weg ist. Mit Taten überzeugen statt mit Worten.«

Tatsächlich sind auch mir schon Veganer begegnet, die so dogmatisch und militant in ihren Überzeugungen waren, dass ich mich davon abgeschreckt fühlte – obwohl ich ihre Ansichten ja teile. Ich kann zwar verstehen, was sie umtreibt, denn wer sich einmal wirklich mit den Bedingungen der Massentierhaltung auseinandergesetzt hat, kann all die Bilder nur schwer wieder vergessen. Dennoch sind es oft genau diese allzu eifrigen Missionare, die den Nichtveganern zu anklagend daherkommen. Auch das Gefühl, etwas nicht zu dürfen, löst Beklemmungen und Widerwillen aus. Das kenne ich noch aus meiner vegetarischen Zeit – da kam mir der Gedanke an »verbotene« Nahrungsmittel geradewegs absurd vor. Heute weiß ich, dass die vegane Ernährung nichts verbietet – aber an den Punkt darf und muss jeder Mensch selbst kommen. Egal ob zweimal im Monat oder für den Rest seines Lebens.

»Wenn es uns gelingt, dass ein Teil der Menschen dank unseres Caterings wenigstens einmal pro Woche vegan isst, erreichen wir viel mehr, als wenn wir auf die Straße gehen, für Tierrechte demonstrieren und schaurige Videos aus der Massentierhaltung drehen«, meint Franci.

Ihre Überzeugung spiegelt sich auch in der Internetpräsenz und auf den Flyern wider. Da finden sich vor allem Fotos von sehr lecker aussehenden Gerichten, die einem sofort das Wasser im Mund zusammenlaufen lassen. Pastinaken-Sellerie-Püree mit veganen Meatballs und Gravy, würziger Kaiserschmarrn, Spicy Fried Rice, aber auch Apfelkuchen, Cookies und die sensationelle Brunch-Box, die man sich an ausgewählten Sonntagen nach Hause liefern lassen kann. Erst auf den zweiten Blick erfährt man, dass diese Gerichte pflanzlich sind.

Wenn meine Eltern bei mir zu Besuch sind, tische ich natürlich auch nur vegane Sachen auf, allerdings ohne es ihnen unter die

Nase zu reiben. Vor Kurzem sagte mein Vater nach dem Essen: »Die Bolognese war vegan? Das schmeckte ja sogar.« Ich glaube, ohne meinen Hinweis wäre ihm gar nicht aufgefallen, dass er kein Rinderhackfleisch aß. Wie die meisten ist er aber der Meinung, dass zu einem richtigen Essen auch richtiges Fleisch gehört. Gelernt ist eben gelernt. Aber hat man etwas zu verlieren, wenn man es einfach mal ausprobiert? Im schlimmsten Fall ist man am Ende um eine Erfahrung reicher, im besten Fall lernt man was dazu.

So ähnlich dachten auch die drei Gründer*innen von Daily Greens, als sie sich entschlossen, ihren pflanzlichen Lieferdienst auf die Beine zu stellen. Für Franci und Flo war der Schritt weniger groß – Flo hatte bereits gekündigt und wusste, dass er sich ein Jahr nehmen will, um herauszufinden, was er wirklich möchte. Für Franci war die Sache sowieso klar. Marc war zu dieser Zeit als Einziger des Trios noch in einer Festanstellung – allerdings auch auf der Suche nach dem Sinn. Genau wie viele der Generation Y. Der Buchstabe Y wurde nicht ohne Grund ausgesucht, spricht man ihn auf Englisch doch genau wie das Fragewort »why«, warum, aus. Genau darum geht es der Generation Y oder den Millennials, die zwischen 1980 und 1999 geboren wurden: Sie hinterfragen, was für die Generationen vor ihnen als normal galt. Wie sie essen, reisen, leben, lieben. Die meisten von ihnen stellen irgendwann fest, dass es gar nicht so einfach ist in dieser Welt, die vollständig auf »convenience« und Bequemlichkeit eingestellt ist. Es ist bequem, mit dem Auto in den Supermarkt zu fahren und Gemüse aus der Tiefkühltruhe zu kaufen, das man nicht einmal mehr schälen muss. Geschweige denn anbauen. Und es ist vergleichsweise unbequem, kein Auto mehr zu besitzen, zu Fuß, mit dem Rad oder den Öffis zu einem Bio- oder Hofladen zu fahren, nur noch saisonal und regional einzukaufen und darauf achtzugeben, keine Lebensmittel mehr zu verschwenden. Das alles ist mühsam, anstrengend, zeitintensiv. Und genau deshalb so wertvoll und bereichernd.

Eine Packung TK-Erbsen hat null Komma null emotionalen Wert für mich. 500 Gramm frische Bioerbsen aus der Region, die ich auf dem Markt gekauft und selbst geschält habe, bekommen eine Bedeutung. In der unglaublichen Masse an Angeboten ist es genau diese Bedeutung, auf die unsere Generation aus ist.

Die Daily Greens haben ihre Bestimmung gefunden. Trotz der Pandemie gründeten sie im Sommer 2020 ihr veganes Foodbusiness, das wöchentlich wechselnde Gerichte in Mehrwegverpackungen klimaneutral mit dem Rad in Hamburger Wohnungen und Unternehmen bringt. Die Mission lautet: *Full taste, no waste.* Aus diesem Grund bestellt man das Essen hier auch einen Tag vorher, damit Franciska und Marc mit möglichst wenig Überschuss kochen können. Darüber hinaus liefern sie mit dem Rad, bei Wind und Wetter. Diesen Job übernehmen Flo und Marc persönlich. Einerseits weil sich Daily Greens noch keine Fahrer leisten kann. Andererseits weil es ihnen wichtig ist, wirklich jeden Arbeitsplatz in ihrem Unternehmen zu kennen und zu wissen, was sie von potenziellen Angestellten erwarten dürfen. »Und wenn mir dann einer erzählt, er hat es nur zu drei Kunden geschafft, kann ich ihn fragen: ›Warum hab ich damals sieben hingekriegt?‹« Zudem fördere die eigene Erfahrung, die jemand auf einer Stelle gesammelt hat, den Respekt für die Arbeit eines anderen.

Schön sei außerdem, das direkte Feedback der Kundschaft zu bekommen. Wenn sie also, wie einmal geschehen, keine 60 Minuten, sondern zweieinhalb Stunden für ihre Lieferung benötigen, weil sie eine zu große Tour geplant haben. »Dann wissen wir sofort: So geht das nicht, das müssen wir beim nächsten Mal anders machen.«

Finanziert werden Daily Greens durch Ersparnisse der drei Gründer*innen und die direkten Einkünfte aus dem Lieferservice und Catering. »Man muss sich davon verabschieden«, sagt Flo, »dass man sofort großes Wachstum generiert. Wachstum um des Wachstums willen ist nicht unser Ziel. Wir möchten uns ein angemessenes Gehalt auszahlen und den Lieferservice am Laufen halten. Dafür müssen wir weder in andere Städte expandieren noch 50 Leute anstellen.«

Besonders bemerkenswert ist, dass die Daily Greens ihren offiziellen Start nicht vorverlegten, als im Frühjahr 2020 die große Welle der Lieferdienste an Land kam. Durch Corona und den ersten Lockdown stellten binnen weniger Wochen nahezu alle gastronomischen Unternehmen auf Lieferungen um. Daily Greens hätte gut in die Angebotspalette gepasst, und Franci hätte problemlos sofort loskochen können.

»Aber wir waren noch nicht so weit«, erzählt sie. »Das Logo stand noch nicht fest, der Umfang der Menüs, der Bestell- und Lieferprozess und, ganz wichtig, in welcher Verpackung wir die Essen ausliefern wollten.«

Anfang August war es dann so weit. Marc war aus der Unternehmensberatung ausgestiegen, die Daily Greens hatten die Küche im Foodlab gefunden, die Website war fertig – und das Catering eröffnete offiziell. Seitdem wachsen die Daily Greens langsam, aber beständig.

»Natürlich gibt es Tage, da haben wir nur zehn Bestellungen. Da wünsche ich mir, es wären mehr – zwanzig oder dreißig. Nicht dreihundert, das würden wir ad hoc nicht schaffen. Aber wir haben bereits im zweiten Monat unseres Bestehens Gewinn gemacht. Und das macht uns Mut.«

Die Mission der Daily Greens ist ohnehin eine andere. Flo sagt: »Jedes vegane Gericht, das von uns gekocht und von Menschen gegessen wird, bedeutet, dass es ein Gericht weniger gab, für das ein Tier leiden musste. Das ist unser Antrieb.«

Franci wünscht sich langfristig ein größeres Team an ihrer Seite. »Ich fände es toll, wenn die Daily Greens genug abwerfen, dass das Catering in zwei bis drei Jahren zwar von uns geleitet wird, wir aber nicht mehr jeden Handgriff selbst machen müssen und noch mehr Zeit für andere Projekte haben, die uns im Kopf herumschwirren. Wir haben noch so viele Ideen, die wir umsetzen wollen.« Wie zum Beispiel das Kochbuch, das sie geschrieben hat.

Dann kommt es zu einem wirklich denkwürdigen Moment. Ich frage Franci und Flo, ob sie Angst vorm Scheitern haben. Er schüttelt sofort den Kopf, aber Franci zögert. Sie blickt Flo an und fragt:»Was ist ›scheitern‹?«

Er will wissen:»Im übertragenen Sinn?«

Franci legt den Kopf etwas schief.»Nein, ich kenne das Wort nicht.«

Ich übersetze es auf Englisch, und Franci winkt ab.»Ach, dann weiß ich, warum ich das Wort nicht kannte.« Sie zuckt mit den Schultern.»Das habe ich bis jetzt nicht gebraucht.«

Wir brechen in Gelächter aus – aber ich bin tief beeindruckt. Es sagt so viel über sie und ihren Mut aus.»Was kann im schlimmsten Fall passieren? Am Ende kann man doch nur lernen und Erfahrungen sammeln. Man kann gar nicht scheitern.«

Nach dem Gespräch mit den Daily Greens radele ich auf dem Fahrrad zurück nach Eimsbüttel. Ich fühle mich auf merkwürdige Weise belebt und bin glücklich. Es ist einfach ein schönes Gefühl, mit Menschen zu sprechen, die den Sinn in ihrer Arbeit gefunden haben. Vielleicht sogar ihre Bestimmung.

8

MILCHMÄDCHEN–RECHNUNGEN

Claudia Müller //
3f. Female Finance Forum

Über Geld spricht man nicht. Geld regiert die Welt. Geld stinkt nicht. Man kann es mit beiden Händen zum Fenster raus-werfen oder auf die hohe Kante legen. Geld hat viele Namen: Asche, Flocken, Heu, Kies, Knete, Kohle, Mäuse, Moos, Penun-zen, Schotter und Zaster. Aber so viele Bezeichnungen es für den »schnöden Mammon« gibt, so viele Glaubenssätze herrschen bei dem Thema vor. Dabei handelt es sich um unterbewusste Über-zeugungen, die unser Handeln sehr subtil beeinflussen. Beispiels-weise: Ich muss mein Geld zusammenhalten. Oder: Ich werde niemals ein Vermögen aufbauen. Oder: Wer den Pfennig nicht ehrt, ist des Talers nicht wert. Oder: Frauen können mit Geld nicht umgehen.

In meiner Familie gelte ich als Dagobert Duck. Nein, ich habe keinen überdimensionierten Tresor voll mit Goldtalern, in dem ich regelmäßig schwimme. Aber ich gehe besonders sorgsam mit Geld um. Während meine große Schwester ihr Taschengeld wie Konfetti schon am ersten Tag der Woche in den Wind blies, über-legte ich mir immer gut, wofür ich mein Geld ausgeben wollte. Häufig steckte ich es in meine hölzerne Spareule, die so schön mit den Augen klimperte, wenn man Münzen reinwarf. Vielleicht hatten meine Eltern schon eine Vorahnung, als sie mir zum Spa-ren die große Eule schenkten und meinen Schwestern eine halb so große Ente und eine mickrige Schildkröte. In Letztere passte sowieso nicht viel rein, weshalb es in den Augen meiner älteren Schwester auch keinen Sinn ergab, besonders sparsam zu sein.

Obwohl ich meine Taler zusammenhalte, habe ich dennoch ein ambivalentes Verhältnis zu Geld. Im Grunde habe ich nämlich keine Ahnung, was ich damit anstellen soll. Nun ist es nicht so, dass ich sechsstellige Beträge auf meinem Konto verschiebe – aber manchmal fühle ich mich von der Verantwortung, die mit dem Besitz von Geld einhergeht, geradezu erschlagen. Dafür bin ich nicht allein verantwortlich. Als ich meiner Tante vor einigen Jahren stolz verkündete, dass ich soeben mit meinem damaligen Freund eine Wohnung in Leipzig als Investitionsobjekt gekauft habe, fragte sie ungläubig und allen Ernstes: »Warum hast du denn vorher keinen Erwachsenen gefragt, der sich damit auskennt?« Zu diesem Zeitpunkt war ich Ende zwanzig. Mein Jahresgehalt lag bei einem anständigen fünfstelligen Betrag, und ich riesterte seit Jahren. Meine Spareule klimperte vielleicht etwas seltener als früher mit den Augen. Das hieß aber bereits damals nicht, dass ich nicht mit Geld umgehen konnte. Trotzdem verunsicherte mich die Aussage zutiefst – und auch mein Verhältnis zu Geld. Hatte ich mit der Investition einen Fehler begangen? Hätte ich vorher wirklich jemanden mit Ahnung fragen müssen? Aber wen? Wer hat Ahnung von Geld und spricht Empfehlungen aus, ohne sich selbst die Taschen vollmachen zu wollen – am liebsten mit meiner Kohle?

»Einer meiner größten Kritikpunkte am deutschen Finanzsektor ist der provisionsbasierte Vertrieb. Das stört einfach sämtliche Anreize«, sagt Claudia Müller, als ich ihr in unserem Gespräch davon berichte.

Ich bin sehr misstrauisch, was meine Finanzanlagen angeht (ein Grund, warum ich mir die Sache mit der Wohnung in Leipzig ja auch so gut überlegt hatte). Und zwar nicht erst, seitdem ich die Serie »Bad Banks« gesehen habe. Wenn ich in einem Gespräch mit einem Finanzberater bin, habe ich fast immer das Gefühl, dass er das verkaufen will, was ihm die höchste Provision einbringt oder was der Bereichsleiter als Jahresziel vorgibt. Und nicht das, was am besten zu mir und meinen Bedürfnissen passt. Bevor ich etwas Falsches mache, mache ich deswegen oft lieber gar nichts. Es geht sogar so weit, dass ich noch nicht mal zu solchen Terminen gehe, geschweige denn zu anderen Veranstaltungen zum Thema Finanzen.

Claudia lächelt. Die Problematik ist ihr bekannt, sie ist sogar der Grund, warum sie ihr Unternehmen, das Female Finance Forum, gegründet hat, in dem sie vor allem Frauen zu Geldthemen berät und schult. Wieder einmal treffe ich mich nur virtuell mit meiner Interviewpartnerin, die in Frankfurt am Main sitzt, dem Zentrum des deutschen Finanzmarkts. Sie weiß genau, warum Frauen nicht gern zu diesen Terminen gehen. »Frauen reagieren sensibler auf die Verkaufsthematik bei Beratungsgesprächen. Männer sagen: ›Ich gehe da einfach mal hin und höre mir das an, ich muss ja nichts kaufen.‹ Frauen denken: ›Wenn ich da hingehe, habe ich ein schlechtes Gewissen, wenn ich nichts unterschreibe, deswegen gehe ich gar nicht erst hin.‹ Dazu kommt, dass Frauen viel mehr verstehen wollen, was sie tun. Männer sind unbedarfter und lernen im Zweifelsfall daraus, wenn sie Geld verlieren, denn sie gewinnen an Erfahrung. Wenn Frauen es nicht verstehen, machen sie lieber gar nichts, und das Thema Finanzen wandert in die Schublade.«

Woran liegt das?, fragen wir uns im Gespräch. Zum einen sei es die Sozialisierung, erklärt Claudia. Mädchen seien schüchterner in naturwissenschaftlichen Fächern, wenn Jungs mit im Raum sind. Jungs haben dasselbe Problem im Sprachenbereich. Bestimmte Fähigkeiten werden einem Geschlecht besonders zugeordnet. »Mein Mathelehrer sagte mal zu mir, als es in dem Fach nicht so gut lief: ›Claudia, mach dir nichts draus. Mädchen können einfach nicht so gut Mathe.‹ Hinterher hatte ich Mathe-Leistungskurs, studierte VWL und arbeitete bei der Bundesbank. So schlecht kann ich also nicht gewesen sein.«

Bei der Bundesbank beschäftigte sich Claudia mit internationaler Geldpolitik, vor allem aber Green Finance. Doch mit der Zeit spürte sie, dass sie des Angestelltenverhältnisses überdrüssig wurde. Sie wollte sich selbstständig machen und suchte nach einer Idee.»Das ist vermutlich eher ungewöhnlich beim Gründen. Ich habe wirklich die bescheuertsten Einfälle gehabt. Die habe ich immer wieder im Kopf durchgespielt und dann doch wieder verworfen.« Erst ein Gespräch mit ihrem Vater brachte Klarheit.»Er bat mich darum, ihm zu erklären, wie das mit den nachhaltigen Geldanlagen funktioniert, weil ich immer so begeistert davon erzähle. Ich dachte, ich erkläre das jetzt mal meinem Papa, und wenn der das verstanden hat, dann erkläre ich es dem Rest.«

Sie sprach mit vielen Menschen über ihre Gründungsidee. Ursprünglich hatte sie Leuten beibringen wollen, wie nachhaltige Geldanlagen funktionieren. Allerdings stellte sie schon nach kurzer Zeit fest, dass die Nachhaltigkeit gar nicht das Problem war – sondern die Geldanlage. Solange die Leute keine Ahnung von Geldanlagen hatten, stellte Claudia fest, machte die Nachhaltigkeit das Ganze nur noch komplexer. So kam sie zum Thema finanzielle Bildung.

»Und dann habe ich erfahren, dass Altersarmut weiblich ist, dass Frauen viel weniger investieren, dass sie weniger Gehalt haben.«

Tatsächlich stehen deutsche Rentnerinnen im internationalen Vergleich besonders schlecht da, wie die Studie »Renten auf einen Blick 2019« der OECD herausfand. Denn Frauen verdienen oft weniger, selbst wenn sie dieselben Positionen wie Männer bekleiden. Der Gender-Pay-Gap beschreibt die Differenz des durchschnittlichen Bruttostundenverdienstes zwischen Männern und Frauen, in Deutschland sind das im Schnitt 19 Prozent, wobei die Unterschiede in Westdeutschland mit 20 Prozent beinahe dreimal so hoch sind wie in Ostdeutschland mit sieben Prozent. Die Bundesregierung plant den Prozentsatz bis 2030 auf durchschnittliche zehn Prozent zu senken, frühestens in 54 Jahren wird erwartet, dass die Lücke geschlossen ist. Wer so lange nicht warten will, sollte nach Island gehen. Im bislang einzigen Land der Welt wurde ein Gesetz verabschiedet, das die gleiche Bezahlung von Männern und Frauen regelt. Bis 2022 will Island keinen Gehaltsunterschied zwischen den Geschlechtern mehr haben. Und wer gerade darüber nachdenkt, nach Südkorea auszuwandern: In diesem Land beträgt der Gender-Pay-Gap geschmeidige 34,6 Prozent. Frauen verdienen dort bei gleicher Qualifikation und Arbeitsleistung also nur zwei Drittel von dem, was die Herren der Schöpfung bekommen. Das ist ein trauriger Rekord.

Doch nicht nur der Gender-Pay-Gap ist ein Grund, warum viele Frauen im Alter finanziell schlecht dastehen. Oft arbeiten sie in Teilzeit, weil sie die Kindererziehung übernehmen und für längere Zeit aus dem Job aussteigen – falls sie überhaupt noch einmal zurückkehren. Ein Leben als Hausfrau und Mutter ist aller Ehren wert, allerdings ist es eine ganz schlechte Entscheidung, was die zukünftige Rente angeht. Auch arbeiten Frauen häufiger in einkommensschwachen Branchen wie dem Dienstleistungssektor oder sozialen und pflegenden Berufen. Für die Rente bedeutet dies, dass sie bei Frauen im Durchschnitt 46 Prozent niedriger ausfällt als bei den Männern. Europäisch sind wir damit das Schlusslicht – das Südkorea unter den EU-Ländern. Immerhin bei einer Statistik haben wir im europäischen Vergleich die Nase vorn: Seit 2000 ist die Anzahl der Erwerbstätigen zwischen 55 und 64 Jahren um 36 Prozent gestiegen. Toll, oder? Wir arbeiten länger, bekommen aber weniger Rente dafür. Yeah.

Darüber hinaus scheuen sich Frauen oft, sich mit dem Thema Geld auseinanderzusetzen – obwohl man ja eigentlich weiß, dass in vielen Beziehungen die Frauen die heimlichen Buchhalterinnen sind. Dennoch beschäftigen sich einfach viel weniger Frauen mit Investments, Geldanlagen und Co. Der Grund ist auch in unserer Kultur zu finden: Nichtarbeitende Frauen, und davon gab es viele, wurden bis vor wenigen Jahrzehnten noch mit einem Taschengeld von ihrem Mann finanziell abhängig gemacht. Mit diesem Geld mussten sie klarkommen, wollten sie mehr, mussten sie darum bitten. Mit souveräner Einkommens- und Vermögensplanung hat das leider wenig zu tun.

Nun denkt meine Generation oft, dass Altersarmut ein Problem der jetzigen Rentnerinnen sei, die in ihrer einkommensstarken Zeit einfach nicht für die Zukunft vorgesorgt hätten. Tatsächlich erwartet verdi, dass Bundesbürger, die »lediglich vierzig oder dreißig Jahre lang in die Rentenkasse eingezahlt haben, (…) mit Sicherheit in Hartz IV abrutschen« werden.[51] Und das geht viel schneller, als man denkt – auch in meiner Generation. Immerhin fangen die meisten meines Alters erst mit Mitte oder Ende zwanzig an zu arbeiten. Da dauert es eine Weile, bis die dreißig oder vierzig Jahre voll sind. Wenn man sich dann noch dazu entscheidet, den Kindern zuliebe ein paar Jahre zu Hause zu bleiben, wird es zappenduster. Da ist es nur ein kleiner Trost, dass Frauen durchschnittlich 4,3 Jahre älter werden als Männer – denn ihre Rente ist um die Hälfte niedriger.

Das alles macht man sich als Frau in den Dreißigern nicht bewusst. In Deutschland gibt es zwar viele Vermögende, aber wie man mit Geld eigentlich umgeht, ob als Einzelperson oder als Paar, lernt man nicht. Auch ein Grund, warum sich Frauen immer noch viel zu sehr darauf verlassen, dass es schon irgendwie gut gehen wird.

Dem will Claudia etwas entgegensetzen. Finanzen sind kein rein männliches Thema! Sie will Frauen weg vom Herd und ran an den Taschenrechner bewegen. »Der ausschlaggebende Punkt, mein Unternehmen auf Frauen auszurichten, war eine Freundin, die sich mit dem Thema Finanzen und Sparen beschäftigte und sich darüber beschwerte, dass es in der Branche fast nur Männer gebe. Egal ob Autoren, Journalisten, Berater, egal auf welches Podium man schaut: Männer. Ich rief meinen ersten Blog ins Leben, sehr rudimentär, und verpflichtete meine engsten Freundinnen und Verwandten, ihn zu lesen. Das Feedback war erstaunlich positiv. Und da wusste ich, daraus kann man was machen.«

Allerdings war Claudia auch bewusst, dass es eine Weile brauchen würde, bis das Female Finance Forum genug Gewinne abwerfen würde, um davon nicht nur leben zu können, sondern auch eine stabile Altersvorsorge aufzubauen. Bei der Bundesbank wollte sie nicht bleiben, weil sie das Flexibilität gekostet hätte – außerdem wollte sie einen klaren Abschluss. Sie suchte sich einen Nebenjob, mit dem sie ihre Lebenshaltungskosten decken konnte, und heuerte bei einer privaten Vermögensverwaltung einer Familie an, bei der sie heute für nachhaltige Aktienanleihen zuständig ist.

Es gibt viele Möglichkeiten, wie man als Gründer*in an Geldmittel kommt, auch wenn die Ersparnisse gering sind. Man kann sich unter anderem das Geld von Privatpersonen aus dem Bekannten- und Familienumfeld leihen, Fremdkapital oder Kredite aufnehmen, sich einen Business Angel[52] suchen oder crowdfunden. Die Nebenerwerbsgründung, bei der man noch einem zweiten Job nachgeht, hat jedoch einen Vorteil: Das Risiko, mit der Neugründung zu scheitern und sich damit über Jahre zu verschulden, ist relativ gering. Natürlich hat auch diese Finanzierungsform einen Preis, denn die Arbeitszeit, die zur Verfügung steht, ist geringer, zudem muss man gerade zu Beginn der Gründung mit weniger Geld auskommen, weil das Gehalt bei einem Teilzeitjob möglicherweise geringer ausfällt als bei einer Vollzeitbeschäftigung. Das bedeutet im Umkehrschluss auch, dass der Betrag, den man für die Gründung unter Umständen noch aufnehmen muss, unweigerlich kleiner ausfällt als bei einer Hauupterwerbsgründung.

Für Claudia, die gerne auf der sicheren Seite steht, war die Nebenerwerbsgründung ideal. Sie gab ihr die Zeit, um auf Veranstaltungen zu gehen, die mit Finanzen zu tun haben. Bei jeder dieser Veranstaltungen nahm sie sich vor, Teil des Podiums zu sein oder eine Frage aus dem Publikum zu stellen – ein genialer Marketingtrick.»Aus dem Publikum aufzustehen hat mich vor allem am Anfang unglaublich viel Überwindung gekostet. Das lernt man aber mit der Zeit. Jedes Mal, wenn man aufsteht, stellt man sich im Idealfall kurz vor und dann seine Frage. Das hat drei Effekte: Ich bekomme eine Antwort auf meine Frage. Zweiter Effekt: Das Female Finance Forum wird den Leuten allmählich ein Begriff. Und dritter Effekt: Du stehst später nicht allein am Stehtisch und weißt nicht, mit wem du reden sollst, sondern die Leute kommen auf dich zu. Diverse Kooperationen sind dadurch entstanden.« Unter anderem auch ein Buch, das im Springer Verlag erschien.

Claudia will Frauen dazu ermuntern, sich aktiv und selbstbestimmt mit ihren Finanzen auseinanderzusetzen. Und sie möchte Green Finance nach vorn bringen – ein Bereich, der vor allem Frauen wichtig ist. Sie sagt: »Alles, was du konventionell investieren kannst, kannst du auch nachhaltig investieren. Audi oder Tesla, Rheinmetall oder Recycling. Für uns als Kleininvestorinnen ist es wichtig, etwas zu haben, das niedrige Kosten und eine niedrige Einstiegshürde hat. Ein klassischer Aktienfonds? Gibt es problemlos in nachhaltig. Dann sind eben kein Nestlé, kein Coca-Cola und kein McDonalds drin, keine fossilen Brennträger, keine Pornografie, kein Glücksspiel, kein Alkohol.«

Denkt man an Nachhaltigkeit, fallen einem vermutlich erst Biomilch und Bienenwachstücher ein, ehe man an das Thema Finanzen denkt. Ich selbst bin erst kürzlich zu einer nachhaltigen Bank gewechselt. Denn mir wurde klar, dass ich nicht nur mit meinem eigenen Konsum etwas bewegen kann, sondern dass auch mein Geld einen Einfluss hat. Natürlich passiert das zunächst auf kleinem Niveau – genauso wie beim Konsum, bei dem der Kauf einer Bambuszahnbürste ja auch nicht gleich die ganze Welt verändert. Aber wenn viele Menschen so handeln, kann sich was bewegen.

Heute macht es mich glücklich, dass ich mit einem Blick auf mein Konto sehen kann, welche Projekte mein Geld unterstützt – von der Aufforstung über den Ausbau erneuerbarer Energien bis hin zu Mikrokrediten für Kleinunternehmer*innen. Ohne dass ich irgendwas dafür tun muss. Ohne dass es mir weh tut. Ohne dass ich verzichte. Oder wie Claudia sagen würde:»Das richtet man sich einmal ein, und dann läuft es automatisch. Es ist nicht wie bei einem Steak, an dem man immer wieder vorbeigeht und auf das man immer wieder verzichten muss.«

Die großen deutschen Banken sträuben sich gegen das Thema Nachhaltigkeit, auch weil wir in Deutschland so einen starken Fokus auf der Schwerindustrie haben. Nachhaltige Finanzen sind bislang nur ein kleiner Teil in der Finanzwelt, aber ein Teil mit viel schnellerem Wachstum. Ganz nüchtern betrachtet also ein Markt mit Potenzial. Und dazu noch einer, der Gutes tut. Mit der nachhaltigen Geldanlage sei es ein bisschen so wie mit Frauenquoten im Unternehmen, meint Claudia: Finanzen sind noch immer sehr stark männlich dominiert und sehr altmodisch. Nachhaltige Investments sind also so was wie die Damen in der Führungsetage. Es ist belegt, dass heterogene Teams bessere Ergebnisse hervorbringen als homogene Teams, trotzdem wehren sich Unternehmen, Frauen in ihre Vorstände aufzunehmen. Ähnlich ist es auch mit nachhaltigen Geldanlagen beim Investieren.

»Ich habe gerade in einer Studie gelesen, dass eine Frauenquote dazu führt, dass top qualifizierte Frauen befördert und schlecht qualifizierte Männer nicht befördert werden. Für top und mittelmäßig qualifizierte Männer gibt es also keine Einschränkung, Frauenquote hin oder her.« Dann zitiert sie die Gleichstellungsbeauftragte der Bundesbank:»Wir brauchen Frauenförderung, damit genauso viel mittelmäßig qualifizierte Frauen die Chance haben in Führungspositionen zu kommen wie mittelmäßig qualifizierte Männer.«

Unsere Arbeitswelt ist nicht gerecht. Die Strukturen sind nach wie vor auf Männer ausgelegt, denn immer noch ist es so, dass ein Kind für einen Mann ein Karrierebooster ist. Die Vorgesetzten denken:»Der ist jetzt Ernährer, bestimmt bauen die demnächst ein Haus – der braucht eine Gehaltserhöhung.« Für die meisten Frauen indes bedeutet ein Kind den Karriereknick. Denn obwohl immer mehr deutsche Väter eine Elternzeit beantragen, sind es im Durchschnitt doch nur 3,8 Monate[53], in denen die Väter zu Hause bleiben – oder eher: in denen die Kleinfamilie eine sehr ausgedehnte Urlaubsreise antritt. Zum Vergleich: Die deutsche Durchschnittsmutti bleibt 14,2 Monate in Elternzeit[54]. 2018 bezogen 1,4 Millionen Mütter und 433 000 Väter Elterngeld[55]. Das sind zwar mehr als noch im Jahr davor – aber trotzdem nur ein Drittel aller Väter.

In meinem Bekanntenkreis spiegelt sich das wider. Beinahe alle Mütter steigen mindestens ein Jahr aus dem Job aus, die Väter gerade mal zwei Monate, und auch nur, weil damit das Elterngeld verlängert wird. In den acht Wochen machen sie dann alles Mögliche. Sie schreiben ihre Doktorarbeit zu Ende, bauen am Haus weiter, fahren in den Urlaub oder machen »endlich mal frei«. Iris und ihr Mann sind damit das einzige Paar, das ich kenne, bei dem die Partner die Elternzeit gleich aufgeteilt haben oder der Vater sogar eine längere Zeit in Anspruch nahm als die Mutter. Zu groß ist die Sorge der Männer, dass sie Nachteile im Job befürchten müssen, wie so ziemlich jede Frau, die ein Kind bekommt. Das ist Gleichberechtigung, Leute. Alle werden gleich berechtigt – was die Vorteile und die Nachteile angeht.

»Wir haben viel zu wenig weibliche Vorbilder auf dem Arbeitsmarkt und vor allem in Führungspositionen«, sagt Claudia. »Frauen, die trotz oder gerade weil sie Familie haben, arbeiten gehen. Es wurde nachgewiesen, dass Töchter von berufstätigen Frauen häufiger in Führungspositionen kommen und Söhne von berufstätigen Müttern sich mehr im Haushalt und in der Familie einbringen.«

Arbeitende Mütter sind ein Segen: als Vorbilder für ihre Kinder, als Absicherung für die eigene Rente und zum Wohle des Allgemeinguts, denn jede Arbeitskraft erwirtschaftet bekanntermaßen einen Beitrag zum Bruttosozialprodukt und damit zum Wohlstand, in dem wir alle leben. Umso erschreckender, dass ich auch im Jahr 2021 immer wieder auf junge, top ausgebildete

Frauen treffe, die mit einem Schulterzucken sagen:»Ich steige maximal noch mal Teilzeit in den Job ein. Mein Mann verdient genug. Wir brauchen das Geld nicht.« Das ist, mit Verlaub, eine Milchmädchenrechnung, auch wenn ich mir ziemlich sicher bin, dass dieser Begriff politisch eigentlich nicht korrekt ist. Vielleicht, so denke ich, werde ich diesen Müttern in Zukunft sagen:»Ihr braucht das Geld momentan vielleicht nicht. Aber du wirst es in 40 Jahren brauchen, und zwar in Form deiner gesetzlichen Rente und privaten Altersvorsorge.«

Auch Claudia interessiert sich für die Zukunft, und zwar nicht nur für ihre eigene. Sie hofft, dass das Female Finance Forum eines Tages überflüssig ist, weil Frauen genauso souverän mit Geld umgehen wie Männer. Weil der Gender-Pay-Gap geschlossen wurde. Weil das Ehegattensplitting Geschichte ist. Weil es ein bedingungsloses Grundeinkommen gibt. Und weil die Rentenniveaus angeglichen wurden.»Darüber hinaus fände ich ein Schulfach Finanzen und Wirtschaft wichtig, verbunden mit Steuern, Geldanlage und Versicherungen. Ich habe großen Spaß, Einzelpersonen alles beizubringen, aber die Stellschrauben sehe ich in der Politik, also auf systemischer Ebene.«

Das Female Finance Forum wird dann eines Tages vielleicht nur noch»Finance Forum« heißen – dann können endlich auch Männer zu Claudias Veranstaltungen kommen. Die sind manchmal enttäuscht, weil sie bei ihren Workshops und Seminaren nicht teilnehmen dürfen. Claudia lacht darüber.»Ich könnte denen ein Dutzend Kolleginnen und Kollegen vermitteln, die dasselbe machen wie ich, nur eben geschlechtsunabhängig. Überraschenderweise sitzen bei denen zu 90 Prozent Männer im Publikum.« Claudia möchte ihr Angebot auch in der Zukunft hauptsächlich Frauen zur Verfügung stellen.»Ich kann aber nicht die ganze Welt retten. Ich kann mit einem kleinen Teil anfangen. Das ist besser, als gar nichts zu tun.«

9

DER KLEINE UNTERSCHIED

**Milena Glimbovski //
Original Unverpackt**

Kleine Menschen haben es nicht immer leicht. Sie werden oft übersehen oder nicht für voll genommen, häufig auch weil sie jünger aussehen, als sie in Wahrheit sind. Manche von ihnen entwickeln daraus Komplexe, lassen sich unsichtbare Absätze in die Schuhe einbauen, um größer zu wirken. Andere regieren auch trotz ihrer Körpergröße Weltreiche und verwirklichen ihre Visionen. Napoleon, Cäsar, der Hunnenkönig Attila, Dschingis Khan – alle unter eins siebzig, aber Herrscher über Imperien.

Auch ich bin ein kleiner Mensch. Ich bin mit zwei Schwestern aufgewachsen, einer älteren und einer jüngeren. Weil ich mit einem unreifen Magen auf die Welt kam und das erste Jahr meines Lebens mehr oder weniger damit beschäftigt war, das Verdauen zu erlernen, war ich für mein Alter immer sehr klein und zart. Meine Schwester, fünfzehn Monate jünger, und ich wurden lange für Zwillinge gehalten – bis zu dem Moment, als sie mir mit acht Jahren über den Kopf wuchs. Im Gegensatz zu anderen kam ich vor dem achtzehnten Lebensjahr nie in irgendwelche Clubs und Diskotheken rein. Das änderte sich zumindest mit der Volljährigkeit, doch wirklich besser wurde es nicht: Unter eins sechzig befindet man sich fast immer auf Achselhöhe anderer, was vor allem auf einer überfüllten Tanzfläche unangenehm werden kann. Selbst mit Mitte zwanzig wollte man beim Kauf von Alkohol noch meinen Ausweis sehen.

Als ich anfing zu arbeiten, hatte ich oft das Gefühl, von einigen Kolleginnen und Kollegen nicht ernst genommen zu werden.

Ich fing an, für zwei zu ackern, weil ich mir sicher war, ansonsten einfach sang- und klanglos unterzugehen. Als kleiner Mensch, so empfand ich das damals, muss man viel mehr leisten, um bei den Großen mitspielen zu dürfen.

Milena Glimbovski und ich befinden uns, was die Körpergröße angeht, auf Augenhöhe. Über sich selbst sagt sie, dass sie aussieht wie eine zehnjährige Grundschülerin – auch sie verspürte Zeit ihres Lebens den Wunsch, sich durch Selbstbewusstsein Respekt zu verschaffen. Vor allem am Anfang ihrer Selbstständigkeit war das ein Problem. Nach der Ausbildung zur Mediengestalterin begann Milena ein Studium an der Universität der Künste in Berlin, was ihr vergleichsweise entspannt vorkam. Weil sie auf einmal Zeit für Dinge hatte, die sie interessierten, nahm sie an einem Wettbewerb für nachhaltige Ideen und an einem Kurs teil, in dem sie in zwei Stunden lernte, wie man einen Businessplan schreibt. Um das Gründen ging es ihr in erster Linie gar nicht – sie hatte einfach Lust, etwas Neues auszuprobieren.

Doch schon seit Längerem machte es ihr zu schaffen, dass die meisten Konsumgüter in Plastik verpackt werden. Es missfiel ihr stark, und sie wollte eine Lösung für das Problem finden. Auslöser war ein gemeinsamer Kochabend mit einer Freundin, bei dem den beiden auffiel, wie viel Müll sich in der Küche häufte. Die Idee für einen Laden, in dem man nicht nur Obst und Gemüse, sondern auch alles andere unverpackt kaufen kann, war geboren.

Zu Milenas eigener Überraschung gewann sie den Wettbewerb. Da war sie gerade einmal 22 und studierte im ersten Semester Gesellschafts- und Wirtschaftskommunikation. Eigentlich eine feine Sache.»Aber mit dem ersten Platz stieg auch der Druck, die Idee eines Unverpackt-Ladens tatsächlich umzusetzen. Ich hatte natürlich keine Ahnung, wie groß der Berg war, den man bei so einer Gründung besteigen muss. Von den Qualitäten, die man als Unternehmerin und Chefin mitbringen musste, wusste ich erst recht nichts.«

Trotzdem entwickelte sie mit der Freundin die Idee weiter. Sie schrieb einen Projektplan, startete eine Crowdfunding-Kampagne und hielt Ausschau nach einem Ladenlokal. Milena und ihre Freundin beschlossen: Wenn die Idee auf der Crowdfunding-Plattform Anklang fände, würden sie gründen. »Plötzlich ging es um Geld. Wenn wir scheitern würden, würden es alle mitbekommen. Aber wenn wir das Geld zusammenbekämen, müssten wir es auch machen. Das war der Moment, wo wir begriffen: Das Ding ist real.«

Dann geschah das Unglaubliche: Bereits am ersten Tag bekamen sie die notwendigen 25 000 Euro zusammen. Am Ende kam über das Crowdfunding sogar fast das Fünffache der Summe zusammen, 110 000 Euro. »Damit hätten wir nie gerechnet«, erzählt Milena. »Wir hatten sogar einen Plan, wie wir das Crowdfunding in den sechs Wochen pushen wollten, und dann war das Geld plötzlich einfach da! Das bestätigt einen darin, dass die Idee gut ist. Dass wir auf dem richtigen Weg sind. Dass Leute uns nicht nur liken, sondern uns auch Geld geben.«

Am gleichen Tag kam der Anruf des Vermieters, dass er die Idee des Unverpackt-Ladens toll finde und sie den Laden mieten konnten. Die Zusage für die Immobilie und das Geld aus dem Crowdfunding: Jetzt wurde es ernst.

Milena beschloss, ihr Studium zu pausieren und reichte ein Urlaubssemester ein. In die Begründung schrieb sie, bei sich selbst ein Praktikum machen zu wollen, denn es gab kein Feld, in dem man Selbstständigkeit ankreuzen konnte. Dann legten sie los.

Wer ein Unternehmen gründet, hat erst mal jede Menge zu tun und muss sich in die unterschiedlichsten Bereiche einarbeiten. Website, Marketing, Buchhaltung, Kalkulation, Einrichtung des Ladens, Gespräche mit Lieferanten und so weiter. Für Milena kein Problem. Sie hat ADHS, das gibt sie gleich im zweiten Satz unseres Gesprächs zu. Kein Wunder, dass ihr die Gründungsphase lag. Menschen mit ADHS mögen wechselnde Aufgaben,

stürzen sich in ein Thema und blenden alles andere aus. Praktisch, wenn man gerade ein Unternehmen aufzieht.
»Es gibt diese Theorie, dass viele bekannte Gründer ADHS haben, zum Beispiel Steve Jobs. Gerade als Gründer*in muss man zu Beginn Allrounder sein und sich auf verschiedenste Sachen einlassen können. Typisch für ADHS ist auch, dass die Leute die Sachen nicht fertig machen. Ich habe bestimmt fünf Bücher angefangen zu schreiben und immerhin zwei beendet. Man fängt ständig irgendetwas an. Als Gründender ist das eine gute Eigenschaft, weil man dadurch Neues anstößt und entwickelt. Also alles, was in einem Angestelltenverhältnis schwierig ist, kann beim Gründen von Vorteil sein.«

Allerdings gibt Milena unumwunden zu, dass sie durch ihre Umtriebigkeit für andere auch anstrengend sein kann, in ihrem Enthusiasmus manchmal erdrückend. Kurz nach der Eröffnung des Ladens stieg die Freundin, mit der sie gegründet hatte, aus. Heute sagt Milena: »Wenn man keine Person findet, mit der man schon mal gearbeitet hat, macht man es lieber allein. Denn selbst wenn man die andere Person mag (und die Mitgründerin von Original Unverpackt war damals eine enge Freundin): Wenn man zusammenarbeitet, sieht die Welt noch mal ganz anders aus.«

Milena hat Hummeln im Hintern. Während unseres Calls wechselt sie siebenmal den Platz, entwirrt ihre Kopfhörer, hüpft zwischen den Themen hin und her, in einer Eleganz, dass einem schwindelig werden kann. Dabei ist sie nicht unaufmerksam, das nicht. Milena fährt nur dauerhaft auf etwa 200 Prozent. Als Gegenüber kommt es einem so vor, als ob sie das doppelte Pensum an Gedanken produzierte. Sie sprudelt über vor Ideen und Arbeitseifer – dass da nicht alle mithalten können, liegt auf der Hand.

Manchmal passiert es sogar, dass Milena sich selbst überholt. »Die ersten drei Jahre waren knüppelhart. Ich habe rund um die Uhr gearbeitet. Der Druck war unglaublich hoch.«

Sie eröffnete den Original-Unverpackt-Laden 2014 in Berlin. Doch nach einer Weile ging es bergab. Die Zahlen waren nicht so, wie sie sein sollten, und Milena merkte, dass ihr der Verkauf keinen Spaß machte. Alles war viel schwieriger als gedacht – und geplant. »Und obwohl ich mich permanent angespannt fühlte, war ich gleichzeitig auch gelangweilt. ADHS eben.« Sie traf eine Kommilitonin von der Uni, die ihr vorschlug, mit dem Studium weiterzumachen. Das tat Milena auch. Vollzeit, neben dem Laden. Sechzig-, Siebzig-Stunden-Wochen wurden normal. Und irgendwann wurde alles zu viel. Immer häufiger wurde sie von Heulkrämpfen heimgesucht, mit der Zeit gesellten sich Panikattacken dazu. »Und eine Panikattacke hat dann einfach nicht aufgehört. Ich war im Krankenhaus und später zu Hause, konnte mich nicht mehr bewegen. Das war der Burn-out. Ich war wie eine alte Frau, konnte nichts mehr, war wie gelähmt. In diesem Moment habe ich die Reißleine gezogen.«

Die Reißleine ziehen bedeutete für Milena, das Studium abzubrechen und gesund zu werden. Aber natürlich konnte sie nicht lange stillsitzen. Und so gründete sie, als es ihr wieder etwas besser ging, gemeinsam mit einem Freund einen Verlag – mitten in ihrer größten persönlichen Krise. Eigentlich hatte sie sich vorgenommen, nie wieder mit jemand anderem zu gründen. Aber sie und ihr Geschäftspartner gingen sehr nüchtern an die Sache heran, besprachen alle Szenarien, schlossen einen Vertrag. Sie entwickelten »Ein guter Plan«, ein undatierter Jahreskalender, in dem aber nicht nur leere Seiten mit Daten und Uhrzeiten auftauchen, sondern in dem es vor allem um das geht, was Milena in der Anfangszeit des Original-Unverpackt-Ladens vollkommen aus den Augen verloren hatte: Achtsamkeit und Selbstliebe. Der Plan ist eine Mischung aus klassischem Jahreskalender und Journal beziehungsweise Tagebuch, will der Selbstoptimierung etwas entgegensetzen und dem Burn-out vorbeugen. Mit Übungen, Gedankenanregungen, Achtsamkeitsampeln und Habit-Trackern spricht der Kalender die Bedürfnisse der Millennials zu einhundert Prozent an: Worauf lege ich Wert? Wie geht es mir? Wofür bin ich dankbar? Ein Kalender für alle, die nicht nur Termine im Kopf haben. Seit dem ersten Jahr hat sich die Auflage des Kalenders kontinuierlich gesteigert, bei Amazon gehört er unter den Achtsamkeitsbüchern zu den Bestsellern.

Als Milena in unserem Gespräch von dem Kalenderprojekt erzählt, bin ich beeindruckt. Es gelingt nicht vielen Menschen, aus einer Krise, noch viel mehr aus einem absoluten Tiefpunkt, eine so wunderbare Sache entstehen zu lassen. Im ersten Augenblick wirkt es vielleicht wie eine weitere Ablenkung von dem, was wirklich wichtig ist. In Wahrheit ist es jedoch so, dass es Milena geschafft hat, nicht nur die Krise zu überwinden und in etwas Gutes zu transformieren, sie hat auch ihre eigene Therapiemethode entwickelt, wie sie zukünftigen Stressphasen und Überbelastung begegnen kann.

Der Vorteil des Verlagsprojekts war, dass es vom ersten Moment an rentabel war. Milena und ihr Mitgründer konnten sich von Beginn an etwas auszahlen beziehungsweise das Geld in andere Projekte stecken. Und: Milena setzte sich intensiv mit dem Thema mentale Gesundheit auseinander. Sie spürte, dass sie nach den drei Jahren als Ladenmanagerin immer noch Ängste in sich hatte. Nicht vor dem Scheitern – eher vor dem Wachstum.

»Die ersten Jahre mit dem Laden waren so hart und steckten mir noch in den Knochen. Ich war nicht besonders risikobereit und dachte, ein nachhaltiges und gesundes Unternehmen müsse aus eigener Kraft wachsen und genug Rendite machen, um diese zu reinvestieren. Mein Glaubenssatz war wirklich stark: dass man sich als Unternehmer*in, wenn der Laden nicht von allein wächst, noch mehr ausbeuten und noch mehr Arbeitsstunden leisten muss. Aber das ging nicht, der Laden entwickelte sich nicht so schnell, und ich kannte meine Kapazitätsgrenzen. Das setzte mich unter Druck.«

Der Impuls, etwas anders zu machen, kam von außen. Milena las das Buch »Mut steht uns gut!« von Antje von Dewitz, der

VAUDE-Geschäftsführerin, und erfuhr, dass das Unternehmen einen Kredit aufgenommen hatte, um die Firmenzentrale umzubauen. Ihr wurde bewusst, dass auch Unternehmen mit 30 Jahren Erfahrung externe Finanzmittel brauchen. »Ich dachte erst: Krass, dass die das nicht aus eigener Kraft können. Dann wurde mir klar: Warum denke ich eigentlich, dass sie das können müssen?« In diesem Moment begriff Milena, dass sie mit ihren Glaubenssätzen auf dem Holzweg war.

Für Wachstum braucht man häufig externes Kapital – ansonsten trägt man das Wachstum auf seinem eigenen und auf dem Rücken der Mitarbeitenden aus. Aber Kredite schrecken ab. Das kenne ich aus eigener Erfahrung. Ich habe lange überlegt, für wie lange ich mich mit der Rückzahlung binden will – sowohl bei einem Investitionsprojekt als auch bei einer eigenen Geschäftsgründung. Und was, wenn sich die Investition oder mein Unternehmen als nicht rentabel herausstellt, auch nach der Finanzspritze?

Milena hat dafür nur ein Achselzucken übrig. »Dann muss ich mir eben einen Job suchen und das Geld anders zurückbezahlen.«

Keine Frage, wer ein Unternehmen gründet und nicht über einen prall gefüllten Sparstrumpf unter der Matratze verfügt, geht Risiken ein. Aus dem KfW-Gründungsmonitor geht hervor, dass rund ein Drittel aller Existenzgründungen innerhalb der ersten drei Geschäftsjahre aufgeben, aus den unterschiedlichsten Gründen: 32 Prozent geben persönliche Motive an, beispielsweise die familiäre Belastung, Krankheit, Stress oder Unzufriedenheit mit dem erzielten Einkommen, 19 Prozent hatten das Unternehmen als befristetes Projekt angelegt, 18 Prozent fanden einen besseren Job. Nur zwei Prozent gaben wegen Insolvenz auf, 24 Prozent aufgrund der Unwirtschaftlichkeit ihrer Gründung.[56] Das bedeutet: Weniger als ein Drittel beendet die Selbstständigkeit, weil die Finanzmittel fehlen.

Für ein bestehendes Unternehmen ist es jedoch deutlich einfacher, einen Kredit aufzunehmen, als für ein Unternehmen, das sich in der Gründungsphase befindet. Laut dem KfW-Monitor geht der Abbruch von Gründungsplänen in 54 Prozent mit Finanzierungsschwierigkeiten einher. Zu einem gewissen Grad nachvollziehbar, denn egal wie gut ein Businessplan auch ist, im Grunde ist er doch ein Blick in die Glaskugel. Mit der Coronakrise konnte beispielsweise kein Mensch rechnen, geschweige denn sie in seine Unternehmensplanung einbeziehen. Auch Veränderungen im privaten Bereich sind in der Regel nicht absehbar – zumindest nicht dann, wenn sie tiefgreifend sind.

Nach den ersten drei harten Jahren lief der Laden endlich, und Milena entschied, dass es Zeit für den nächsten Schritt war: einen zweiten Laden in Berlin mit größerer Verkaufsfläche.

Doch wieder einmal mussten Geldmittel her. Sie ging zur Bank, zum zweiten Mal, um einen neuen Kredit aufzunehmen. Beim ersten Kreditantrag hatte sie noch befürchtet, wegen ihres kindlichen Äußeren und ihres jugendlichen Alters nicht ernst genommen zu werden. »Für den ersten Termin zog ich mich sehr formell an, mit Jackett, Bluse und Brille. So doof das Klischee auch ist, mein Outfit sorgte dafür, dass ich selbstbewusster auftrat.« Beim zweiten Termin Jahre später hatte Milena die Verkleidung schon gar nicht mehr nötig. Ihre Erfahrung verlieh ihr genug Selbstbewusstsein.

Sie eröffnete im Oktober 2019 den neuen Laden. Für die Kreditvergabe war sicher auch hilfreich, dass sie im Jahr zuvor vom Berliner Senat zur Unternehmerin des Jahres ausgezeichnet worden war, da ihr Original-Unverpackt-Laden nicht nur profitorientiert ist, sondern auch einen Beitrag zum Gemeinwohl leistet. 2017 erschien im Verlag Kiepenheuer und Witsch auch noch Milenas Buch »Ohne Wenn und Abfall – Wie ich dem Verpackungswahn entkam«. Es ist nicht verwunderlich, dass Milena von vielen als Vorreiterin der Zero-Waste-Bewegung bezeichnet wird. »Unser Laden ist ja nicht nur ein Geschäft. Wer hier einkauft, drückt auch seine Lebenseinstellung aus.«

Mittlerweile gibt es zahlreiche Unverpackt-Läden in Deutschland, vor allem in den Großstädten. Auch ich kaufe von Zeit zu Zeit in einem solchen Geschäft ein und freue mich immer, dass die ausrangierten Tupperdosen meiner Mutter endlich nicht nur einen privaten Zweck erfüllen, sondern tatsächlich einen Beitrag für die Umwelt leisten.

Dass es immer mehr Menschen gibt, die ihren Konsum neu denken, daran hat auch Milena einen Anteil. Das Gründen scheint ihr zu liegen – immerhin ist sie mittlerweile gleich zweifache Gründerin. »Im Grunde kann jeder gründen«, sagt sie in unserem Gespräch. »Es gibt keine geborenen Gründerinnen oder Gründer.« Allerdings helfen einige Eigenschaften wie Extrovertiertheit oder ein gutes Gespür für zwischenmenschliche Kontakte bei der Netzwerkpflege. Wer zudem lösungsorientiert und optimistisch ist, hat es als potenzielle Neugründer*in leichter, das eigene Unternehmen auf die Beine zu stellen. »Und ADHS hilft«, fügt Milena hinzu und lacht.

Dass weniger die spezifische Expertise beim Gründen wichtig ist, sondern eher ein bestimmtes Mindset, zeigen auch Studien: Gründer*innen eint ein hohes Maß an Mut, Leidenschaft und Ausdauer. Interessanterweise gibt es jedoch bezüglich der charakteristischen Merkmale zwischen Gründern und Gründerinnen Unterschiede. Während sich Gründerinnen durch Leistungsstärke und Engagement schon in der Schulzeit auszeichnen, tendieren die Gründer eher dazu, von den Regeln abzuweichen: Klassenbucheinträge, Verweise, Sitzenbleiben. Sind es die (männlichen) Rebellen und (weiblichen) Musterschülerinnen, die das besondere Zeug dazu haben, zu gründen? Oder sind auch das stereotypische Rollenbilder, die so sehr in unserer Kultur verankert sind, dass wir versuchen, ihnen automatisch zu entsprechen?[57]

Ein bisschen beneide ich Milena um ihren Tatendrang. Macht diese Frau eigentlich jemals Pause? Als ich sie frage, gibt sie selbstkritisch zu: »So richtig Pause hatte ich das erste Mal während des Mutterschutzes und der Elternzeit. Als ich weg war, konnte das Team durchatmen, weil ich eben nicht ständig mit neuen Projekten um die Ecke kam – #ADHS. Das war wichtig, um sich als Team zu finden, und gut für die Firma.« Und dann fügt sie hinzu:»Obwohl, eine Pause war das eigentlich nicht. Ich habe in der Zeit zusammen mit einer Freundin das Buch ›Nachhaltiges Familienleben‹ geschrieben. Aber meine Co-Autorin hat den deutlich größeren Textteil beigetragen. Ich hatte ja auch noch das Baby.«

Als ich das höre, weiß ich nicht, ob ich lachen oder weinen soll. Während das Buch *Green Rebels* textliche Gestalt annimmt, ist mein Sohn gerade einmal zweieinhalb Monate alt. In meiner Vorstellung war es ganz einfach: Das Kind schläft, und ich arbeite an den Kapiteln. Es überrascht vermutlich niemanden, dass die Realität am Ende ganz anders aussah.

Ich bewundere Milenas Mut und ihren Tatendrang, auch wenn mir klar ist, dass ein Teil davon dem ADHS geschuldet ist. Aber während ich monatelang überlegte, ob ich das Risiko eines eigenen Ladens oder Unternehmens wirklich auf mich nehmen wollte, setzte sie sich einfach in ein Seminar und lernte, wie man Businesspläne schreibt. Gleichzeitig wird mir auch klar, dass meine Persönlichkeitsstruktur ganz anders ist als die Milenas. Nicht dass ich nicht hart arbeiten kann. Aber ich entscheide nicht gern. Am schwierigsten finde ich die Vorstellung, eines Tages verantwortlich für Mitarbeitende zu sein. Mit einem eigenen Unternehmen muss man das Image des guten Mädchens ablegen – vor allem dann, wenn man die Welt verändern möchte. Denn damit tritt man ganz automatisch anderen Menschen auf die Füße. Vielleicht, so denke ich, war das der Hauptgrund, warum ich mich nicht für eine eigene Existenzgründung entschieden habe. Es fällt mir bis heute schwer, andere vor den Kopf zu stoßen.

»Frauen denken klein«, stimmt Milena mir zu.»Man muss die große Mission und den Mehrwert sehen, den das eigene Produkt für die Gesellschaft hat. Und dafür muss man sich eben auch mal unbeliebt machen. Das fällt uns Frauen aber zehnmal schwerer als Männern.«

Gerade am Anfang erlebte Milena, wie hart es für sie war, Mitarbeitende zu kritisieren und es zu ertragen, wenn der Haussegen einmal schiefhing. Erst mit der Zeit begriff sie, dass auch sie von einem bestimmten Frauenbild geprägt war: Frauen müssen harmonisch sein.»Aber niemandem ist geholfen, wenn ich meine Kritik nicht äußere, im Gegenteil.« Das Problem sei aber auch, berichtet sie weiter, dass es so unglaublich wenige Geschichten von Gründerinnen und damit Vorbilder gebe. Diese Vorbilder, das weiß ich aus eigener Erfahrung, ebnen den Weg zur eigenen Gründung.

Vor allem mangelt es aber an Frauen, die nicht nur den männlichen Führungsstil kopieren, sondern ihre Weiblichkeit auch als Chefin ausleben. In meiner eigenen beruflichen Karriere bin ich, gerade in der Mode, vielen weiblichen Vorgesetzten begegnet. Der Großteil dieser Frauen war härter als jeder Mann, den ich kenne. Warum, habe ich mich immer wieder gefragt, kopieren so viele Chefinnen das Verhalten ihrer männlichen Kollegen? Oder setzen sogar noch einen drauf? Muss man, wenn man als Frau Karriere machen will, wirklich der Kerl mit den dicksten Eiern sein?

Wir leben nach wie vor in einer patriarchalischen Gesellschaft, in der Männer ihre Vormachtstellung mit allen zur Verfügung stehenden Waffen verteidigen und damit auch das Klima prägen. Dazu gehört, immer wieder die eigene Dominanz zu verdeutlichen. Milena erzählt:»Wir hatten vor Kurzem einen Gutachter hier, ein großer, mächtiger Kerl, der ist mir so häufig ins Wort gefallen, dass ich irgendwann meinte, dass ich meinen Satz gern zu Ende bringen möchte. Dann hat er tatsächlich die Klappe gehalten. Ich habe eine Weile gebraucht, bis ich diese subtilen chauvinistischen Verhaltensweisen bemerkt habe. Dass man als Frau unterbrochen wird oder dass Männer das wiederholen, was man selbst gesagt hat.«

Ich lerne ein neues Wort: *Hepeating*. Darunter versteht man, wenn ein Mann die Idee oder den Vorschlag einer Frau aufgreift und in anderen Worten als seine eigenen verkauft. Das ist mir selbst auch schon widerfahren, und ich weiß, dass es sich nicht schön anfühlt. Hepeating ist eng verwandt mit dem Mansplaining. Der Begriff beschreibt, wenn ein Mann davon ausgeht, er wüsste mehr über ein Thema als eine andere Person, meistens eine Frau, und deswegen ungefragt und herablassend zu erklären beginnt, worum es eigentlich geht. Bei beiden Verhaltensweisen handelt es sich um sehr subtile Möglichkeiten, die vor allem Männer nutzen, um sich über Frauen zu stellen. Die wiederum fühlen sich oft nicht in der Lage, dem Ideenklauer oder Erklärbären öffentlich oder privat ein paar Takte zum freundlichen Umgang miteinander zu sagen, da viele Frauen ja ohnehin dazu neigen, Konflikten nicht bewusst entgegenzutreten, sondern sie eher zu meiden.

Auch Milena musste lernen, was Männer tun, um ihre Machtposition zu demonstrieren, und sie darauf anzusprechen, auch wenn es unhöflich wirkt und man sich damit unbeliebt macht. »Es gibt so viele Mechanismen, die einen kleiner machen, vor allem beim Geld. Frauen geben sich mit kleineren Summen von der Bank oder Geldgebern eher zufrieden. Im Nachhinein ist mir klar, dass es viele Momente gab, die mich subversiv klein und passiv gemacht haben«, sagt Milena.

Sie ist eine überzeugte Feministin, auch wenn (oder weil?) sie weiß, dass viele das als Schimpfwort verwenden. »Unsere ungerechte Welt verändert sich gerade, denn sie wird noch schlimmer. Durch die Klimakrise werden wir mehr Armut und Leid erleben. Wir werden unseren derzeitigen Wohlstand verlieren, und am Ende wird es immer die Frauen treffen. Vieles wird auf dem Rücken der Frauen ausgetragen.«

Das zeigt auch die Coronakrise. Oxfam nennt das Covid-19-Virus in einer Studie auch das »Ungleichheitsvirus«, denn durch die Pandemie werden die Unterschiede zwischen Arm und

Reich, Gebildet und Ungebildet, aber vor allem auch zwischen Frauen und Männern noch vergrößert.[58] Die UN kommt zu demselben Ergebnis: Die Pandemie habe die beruflichen Chancen von Frauen weltweit verschlechtert, da viele der Frauen zu Hause geblieben seien, um sich um die Kinder zu kümmern, aber auch weil Frauen häufig im Dienstleistungssektor arbeiten, der in den meisten Ländern als nicht systemrelevant eingestuft und zumindest temporär geschlossen wurde. In sozialen und pflegenden Berufen sind hingegen 70 Prozent der Angestellten weiblich – ausgerechnet dort, wo die Belastung und das Risiko, sich am Virus anzustecken, besonders hoch ist.[59] Auch die Bertelsmann Stiftung fand heraus, dass der Großteil der Mehrbelastung während der Krise auf den Schultern der Frauen ausgetragen wurde: 69 Prozent der befragten Frauen gaben an, allein für den Haushalt zu sorgen – neben dem Homeschooling und der eigenen Arbeit im Homeoffice. Interessanterweise scheint das den Männern nicht aufzufallen. Denn zwei Drittel gaben in der Befragung an, dass die Hausarbeit und die Kinderbetreuung in ihrer Beziehung fair aufgeteilt sei.[60] Zum Pech der Männer haben zahlreiche Erhebungen mittlerweile ergeben, dass sie in der Krise besser weggekommen sind als die Frauen – sowohl beim Einräumen der Spülmaschine als auch im Beruf.

Veränderungen finden immer auf mehreren Ebenen statt, sowohl im Kleinen wie im Großen. Das betrifft nicht nur die unfaire Verteilung von Hausarbeit, das betrifft auch die Nachhaltigkeit. Sie wird zu einem großen Teil auf den Verbraucher abgewälzt, weil die Politik einfach noch nicht genügend Regeln und Gesetze erlässt, um es der konventionellen, nichtressourcenschonenden, nichtnachhaltigen, nichtsozialverträglichen Wirtschaft schwer zu machen. Zu groß sind die Lobbys und zu hoch ist der Druck auf die Politiker*innen, im nächsten Wahlkampf nicht von ihren Günstlingen unterstützt zu werden.

Milena wünscht sich deswegen strengere Gesetze, eine schnellere Politik und eine grüne Regierung, die sich knallhart an das

Klimaabkommen hält. Sie möchte, dass am Gemeinwohl orientierte Unternehmen der Standard sind und nicht die Ausnahme, und dass die Wirtschaft dem Menschen dient und nicht sich selbst. »Ich wünsche mir eine Wirtschaft, in der es nicht nur um Zahlen und Dividenden geht, sondern darum, was die Wirtschaft mit den Menschen und der Umwelt macht.«

Milena Glimbovski ist vielleicht ein kleiner Mensch. Aber sie hat große Visionen. In der Menschheitsgeschichte ist sie damit in bester Gesellschaft.

10
ALLES IM GRÜNEN BEREICH

Claudia Albert // moij momente

Claudia Albert beschäftigt sich seit mehr als dreißig Jahren mit dem Thema Nachhaltigkeit. Das ist insofern bemerkenswert, weil es in der Zeit ihrer Jugend mit Joschka Fischer zwar einen Abgeordneten gab, der sich in weißen Turnschuhen zum hessischen Umweltminister vereidigen ließ, aber der Umweltschutz noch in den sprichwörtlichen Kinderschuhen steckte. Reformhäuser, »Atomkraft? Nein danke«-Aufnäher, der Blaue Engel: Umweltschutz rückte zunehmend ins Bewusstsein der Menschen, doch klebte ein eher unattraktives Image an ihm.

Wenn ich heute an die Umweltschützer von damals denke, fallen mir sofort eigenhändig gestrickte Pullover, Birkenstock-Sandalen und selbstgezogene Sprossen auf der Fensterbank ein. Allen drei Dingen (und noch einigen darüber hinaus) kann ich heute viel abgewinnen. Mir ist jedoch bewusst, dass der Umweltschutz von damals vor allem von Ereignissen wie der Tschernobyl-Katastrophe, dem Großbrand des Schweizer Unternehmens Sandoz oder dem Untergang des Öltankers Exxon Valdez vor der Küste von Alaska motiviert war. Jahrelang ließ uns meine Mutter keine Pilze essen; zu groß war die Angst, radioaktiv verseuchte Lebensmittel zu konsumieren.

Möglicherweise ist das einer der Gründe, weshalb es Nachhaltigkeit heute so schwer hat, nicht nur in der Mitte der Gesellschaft anzukommen, sondern tatsächlich gelebt zu werden: Ihre Ursprünge sind in der Angst begründet. Nach vielen Jahrzehnten des nicht enden wollenden Wohlstands, nach Dekaden

des Wachstums und Überflusses müssen die Berichte vom Wald-
sterben, von saurem Regen, einem rot verfärbten Rhein, von mit
Giftstoffen verpestetem Wasser und Küsten voller ölverschmier-
ter toter Seevögel auf die Menschen der Achtziger geradezu ver-
störend gewirkt haben: Der Umweltschutz zeigte auf sehr ein-
drückliche Art, dass dem maßlosen Konsum und ausufernden
Lebensstil Grenzen gesetzt waren. Das gefiel naturgemäß nicht
jedem. Es war zudem viel einfacher, Umweltschutz zum Problem
der Spinner und Pessimisten zu machen, statt etwas am eigenen
Verhalten zu verändern. Bis vor Kurzem regierte in den Vereinig-
ten Staaten ein Mann, der öffentlich die Meinung vertrat, der
Klimawandel existiere nicht, allen wissenschaftlichen Belegen
und gemachten Erfahrungen zum Trotz. Donald Trump mag ein
Despot und Antidemokrat sein, vor allem aber steht er sinnbild-
lich für eine ganze Generation von Menschen, die vehement ab-
streitet, dass dieser Planet im Sterben begriffen ist. Sie wollen es
nicht wahrhaben und verschließen die Augen vor dem Offen-
sichtlichen.

Wie viel Zeit wir vollkommen unverständlicherweise schon
haben verstreichen lassen, das veranschaulicht der Earth Over-
shoot Day, auf Deutsch Welterschöpfungstag, auf beeindruckende Weise. Entwickelt wurde das Konzept des Aktionstages
von einem Mitglied der Economics Foundation, Andrew Simms,
um das Bewusstsein für die Ausbeutung des Planeten und die
steigende Knappheit der Ressourcen zu schärfen. Der Welterschöpfungstag bezeichnet Jahr für Jahr das Datum, an dem die
Nachfrage nach Rohstoffen das Angebot und die Kapazität der
Erde übersteigt. Heißt: An diesem Tag sind die Biokapazitäten
der Erde symbolisch aufgebraucht – sie kann sich nicht so
schnell regenerieren, wie wir ihre Ressourcen verbrauchen. Alles,
was nach diesem fiktiven Datum stattfindet, ist also ein Überver-
brauch, den wir in einigen Jahren teuer bezahlen werden.

1970 war der Welterschöpfungstag am 29. Dezember. Zehn
Jahre später schon am 4. November, 1990 am 11. Oktober. 2000

war der Welterschöpfungstag am 23. September, 2010 am 6. August. Zu diesem Zeitpunkt verbrauchte die Weltbevölkerung binnen eines Jahres bereits die Ressourcen von 1,67 Erden. Und die Entwicklung ist noch lange nicht zu Ende. 2019 war der Aktionstag am 29. Juli, ganze 1,74 Erden verschlang die Menschheit in diesem Jahr.[61] Ironischerweise musste erst ein Virus kommen und eine globale Katastrophe hervorrufen, um den Welterschöpfungstag 2020 wieder auf den 22. August zu verschieben. Das kann, es liegt auf der Hand, aber nicht die Lösung des Problems sein. Der Mensch muss sich ändern. Wir müssen uns ändern.[62]

Dazu gehört auch, sich von Themen wie Naturschutz und Nachhaltigkeit nicht verängstigen zu lassen. Angst ist ein schlechter Begleiter. In der Psychologie ist man sich bis heute nicht einig, ob positive oder negative Anreize die Motivation mehr steigern. Bei der positiven Motivation tut man etwas, weil man eine Belohnung erwartet, bei der negativen, um einer Strafe zu entgehen. Beide Motivationen sind stark genug, um Menschen zu einer Verhaltensänderung zu bewegen, und in Studien konnte bislang nicht nachgewiesen werden, welche Motivation stärker wirkt. Allerdings fokussieren wir uns mehr auf Negatives als auf Positives. Schuld daran ist unser Gehirn. Es nimmt negative Dinge eher wahr als positive, in der Psychologie nennt man das die Negativitätsdominanz.[63] Für unser Überleben sind die negativen Einflüsse bis heute wichtiger: Eine Kritik schlägt zehn Komplimente, eine schlechte Erfahrung muss durch eine Vielzahl positiver ausgeglichen werden. Das Gute ist, dass man diesen unterbewussten Prozess mit kognitivem Denken umkehren kann. »›Gut‹ wirkt zwar nicht so stark und unmittelbar auf unsere Emotionen wie schlecht, hat aber durch Beharrlichkeit, Intelligenz und schiere Masse durchaus eine Chance«, schreiben die Autoren des Buches »Die Macht des Schlechten«, das passenderweise 2020 erschien, dem Jahr, das den meisten von uns in Erinnerung bleiben wird wie kein zweites.[64] Es liegt auf der Hand, wieso: 2020 stellte für den Großteil der Weltbevölkerung eine Zäsur dar, und eben keine, die sie mit angenehmen Gedanken verbindet.

Der Menschheit ist es in den vergangenen vierzig Jahren, seitdem die Folgen unseres Lebenswandels auf eindrucksvolle Art und Weise sichtbar geworden sind, nicht gelungen, etwas ins Positive zu verändern – im Gegenteil. Und das, obwohl es an Probierhäppchen des Weltuntergangs und Katastrophencocktails nun wahrlich nicht mangelte. Aber zu viel des »Schlechten« ist manchmal eben zu viel: Wenn die Situation ausweglos scheint, die Herausforderungen zu groß wirken und das Scheitern keine weit entfernte Illusion, sondern eine realistische Möglichkeit ist, wie die Sache ausgeht, setzt nämlich ein anderer Mechanismus in unserem Gehirn ein: Verleugnung. Ziel kann also nicht sein, ein möglichst alarmierendes Schreckensbild zu malen, um einen Wandel zu initiieren – das versuchen Umweltschützer, Wissenschaftler und Zukunftsforscher seit Jahren mit mäßigem oder sogar ausbleibendem Erfolg. Das hat auch damit zu tun, dass die Horrorszenarien sich oft in Zahlen und Fakten manifestieren. Wie wir wissen, lösen die bei uns keinen Impuls aus, unser Verhalten zu ändern. Nein, es sind die Geschichten, die uns emotional ergreifen. Zum Beispiel von einer fünfzehnjährigen Aktivistin, die sich mit einem selbst gemalten Plakat vor dem schwedischen Parlament aufbaut und sich weigert, in die Schule zu gehen, weil sie auf den Klimawandel aufmerksam machen möchte. Aus einer einzigen Schülerin wurde eine weltweite Bewegung. Es sind diese Geschichten, die Mut machen und den Blick auf das richten, was gut ist.

Wie wäre es, wenn beim Thema Nachhaltigkeit und Umweltschutz häufiger das Gute betont würde? Wenn die Freude überwiegen würde, etwas konsumiert und gleichzeitig Gutes getan zu haben? Wenn der Spaß, der Genuss und alle positiven Aspekte im Vordergrund stünden?

Claudia legt es mit ihren Events genau darauf an: »Ziel meines Unternehmens ist es, die Gäste mit sinnlichen Elementen positiv zu erreichen – und über dieses persönliche Erleben nachhaltige und gesellschaftspolitische Themen auf eine leichte Art zu transportieren.«

Deshalb hat sie für den Namen ihrer Eventagentur das Wörtchen *moij* gewählt, das ist Plattdeutsch und heißt »schön«. Ihre Events, in denen es um Fair Fashion, Sustainable Finance und Green Food geht, sollen schöne Momente erschaffen, die nachhaltig im Herzen der Besucher bleiben. Durch diese Erlebnisse möchte sie vor allem Menschen erreichen, die sich (noch) nicht in der nachhaltigen Blase aufhalten.

Claudia liegen grüne Themen am Herzen, schon seit ihrer frühen Jugend. »Ich wollte damals am liebsten bei Greenpeace aufs Boot. Schließlich hat sich meine Karriere als Aktivistin darauf beschränkt, mich bei kleineren Initiativen zu engagieren und in Bayern Vegetarierin zu sein.«

Nun muss man sagen, dass eine Vegetarierin in Bayern in den Achtzigerjahren fast so revolutionär war wie der Aktionismus der Naturschutzorganisation dieser Zeit. Und beinahe genauso anspruchsvoll.

Claudia ist erst Mitte vierzig, hat aber bereits mehr Berufe ausgeübt als die meisten Menschen, die ich kenne. Nach dem Studium der Pädagogik, Psychologie und Erwachsenenbildung ging sie in die Kreativwirtschaft und arbeitete als Fotografin. 2011 erfüllte sie sich den Traum, sich mit einem eigenen Konzept in ihrer Geburtsstadt München selbstständig zu machen, mit tatkräftiger Unterstützung ihres Sohnes, der damals im Teenageralter war. Aus ihrer Liebe zu modernem japanischem Design wurde die Idee geboren, den japanischen Zakkaya-Store *Kirschblüte* für Design und DIY mit kleinem Cafébereich zu eröffnen. Ihr Sohn Jona, seit seiner Grundschulzeit leidenschaftlicher Chocolatier, kreierte in seiner Freizeit für den Laden allseits beliebte japanische Pralinen und Matcha-Produkte.

Aus den Möglichkeiten dieses eigenen Raums für Kreativität und neue Ideen entwickelte sie eine weitere Leidenschaft, das

Eventmanagement. Seit 2013 veranstaltet Claudia mehrmals im Jahr japanische Design- und Kulturevents: die Japandult in München, den Japanmarkt in Berlin sowie das Japanese Food & Design Festival in Hamburg, wo sie seit einigen Jahren lebt. 2019 gründete sie moij momente, bildete sich in nachhaltigem Eventmanagement weiter und entwickelt seitdem nachhaltige Veranstaltungskonzepte für die Bereiche Food, Fashion und Finance. Dafür arbeitet sie auch mit Initiativen wie Fridays for Future oder Plant for the Planet zusammen. Vor die Herausforderungen durch die Pandemie gestellt, hat Claudia neue Eventmodelle erarbeitet und umgesetzt. Im Coronajahr fand die Premiere des Money for Future Festivals als Hybridevent statt, allen Pandemieunkenrufen zum Trotz.

Interessanterweise hatte die reduzierte Besucherzahl sogar einen positiven Effekt. Ihre Aussteller, erzählt Claudia, hätten bemerkt, dass die wenigen Besucher sich viel intensiver mit den Produkten auseinandersetzten und deutlich interessierter waren als die Masse, die sich in den vergangenen Jahren durch die Hallen geschoben hatte.

Nachhaltige Events sind im Kommen, allerdings mahlen die Mühlen auch im Veranstaltungsbereich langsam. In München gibt es bereits ein Müllvermeidungsgesetz, dem alle Aussteller und Cateringunternehmen unterliegen. »Denn konventionelles Catering bedeutet immer einen wahnsinnigen Müllberg«, erzählt Claudia. Es gibt jedoch Hoffnung: Seit vielen Jahren findet das Tollwood Festival in München immer mehr Zulauf, und auch Festivals wie das Summer's Tale in der Nähe von Lüneburg oder das Futur 2 Festival in Hamburg setzen voll auf grüne Kraft und werden sehr gut von den Besuchern angenommen. Auf Veranstaltungen wie diesen isst man nicht mit Plastik-, sondern Bambusbesteck und trinkt seine faire Limonade aus Wasserflaschen. Strohhalme aus Plastik gibt es da schon lange keine mehr. Und das ist auch gut so.

Doch auch diese gut besuchten Events wurden 2020 von der

Coronakrise erfasst. Wie die Zukunft von Veranstaltungen aussieht, weiß Claudia nicht. »Das vergangene Jahr war eine absolute Katastrophe, die immer noch nachwirkt, nicht nur bei mir.« Großveranstaltungen lohnen sich erst ab einer gewissen Besucherzahl. Deswegen sind Pandemiekonzepte zwar eine gute Sache, da sie zumindest verhindern, dass das Event ganz abgeblasen werden muss, doch wenn nur ein Bruchteil der Gäste kommt und damit auch Tickets erwirbt, sind die Erträge aus den Veranstaltungen ein Tropfen auf dem heißen Stein.

Das schlimme Jahr 2020 holte natürlich auch Claudia und ihre Veranstaltungen ein. Von acht geplanten Events konnten gerade einmal zwei stattfinden. Die Mutter eines erwachsenen Sohnes konnte das finanziell einigermaßen abfangen, weil sie keine Großfamilie durchzufüttern hat. »Trotz der finanziellen Einbußen werde ich an meinen Projekten festhalten, die ich mir aufgebaut habe. Zum Glück mache ich keine Großveranstaltungen, so bekomme ich das als One-Woman-Show alles hin. Man muss flexibel bleiben in diesen Zeiten. Mit Japanese Moments Online hat gerade mein erstes Onlineevent stattgefunden«, sagt sie im Gespräch.

Dass ihr die Ideen ausgehen, ist unwahrscheinlich. Claudia hat in ihrem Leben schon einiges gewagt und Neues gestartet und will sich von der Pandemie nicht unterkriegen lassen. Mit der nachhaltigen Evententwicklung ist sie am Puls der Zeit, wie ein Aufruf aus der Branche zur Förderung einer nachhaltigen Veranstaltungswirtschaft zeigt.[65] Dennoch ist es erschreckend, mit welcher Nonchalance die Bundesregierung die Veranstaltungsbranche, natürlich aber auch die Kultur und die Gastronomie, über die Klinge springen ließ, vor allem in den ersten Monaten des Jahres 2020. Während große Konzerne mit milliardenschweren Krediten unterstützt wurden und Sportevents weiterhin über die Bühne gingen, kämpften die kleinen Unternehmen jeden Tag ums Überleben. Die Politik hatte die Branche einfach vergessen. Erst die Initiative #AlarmstufeRot[66] änderte etwas – bestehend hauptsächlich aus Soloselbstständigen, Einzel- und mittelständischen Unternehmen sowie Betrieben der öffentlichen Hand, insgesamt etwa 1,5 Million Menschen, die unmittelbar vom Kahlschlag betroffen waren und nach wie vor sind.[67] Caterer, Messebauer*innen, Schauspieler*innen, Kinobetreiber*innen, Musiker*innen, Kabarettist*innen, Volksfestveranstalter*innen, Zirkusartist*innen. Die Liste könnte ewig weitergehen. Nach einem kurzen Aufatmen durch die zaghaften Lockerungen der Beschränkungen im Sommer und Herbst 2020 traf der zweite Lockdown ab Mitte Dezember die Branche besonders hart, da viele bereits in Hygiene- und Raumkonzepte investiert hatten. Die Hilfe kommt, hieß es vonseiten der Regierung – allein *wann* sie kommt, vermochte niemand zu sagen.

Als ich im Januar 2021 las, dass mittlerweile die ersten Novemberhilfen für Unternehmen und Selbstständige ausgezahlt würden, musste ich beinahe lachen. Wie soll ein Theater über die Runden kommen, wenn ihm verboten wird, seine Türen zu öffnen, es aber gleichzeitig von demjenigen, der das Verbot ausspricht, keine Entschädigung oder zumindest Kredite zur Überbrückung erhält? Legt man in Berlin keinen Wert auf ein abwechslungsreiches Kulturprogramm? Sollen auf Messen keine Innovationen vorgestellt, Netzwerke gepflegt und Handelsverabredungen getroffen werden? Wieso machen wir die Gastronomie nicht einfach ganz dem Erdboden gleich? Wohlbemerkt, es gibt keine Zahlen, die belegen, dass die Ansteckungsgefahr in diesen Branchen höher ist als in der Schule, am Arbeitsplatz oder im öffentlichen Nahverkehr. Die meisten Veranstalter hatten 2020 einen Umsatzrückgang von bis zu 100 Prozent. Trotzdem mussten sie Löhne und Mieten bezahlen.

Mir läuft es kalt den Rücken runter, wenn ich darüber nachdenke, selbst in so eine Situation zu geraten. Dagegen ist es in einem Angestelltenverhältnis schon durchaus bequem, und der Lohn wird in der Regel auch weiterbezahlt, sogar während Kurzarbeit oder Insolvenz.

Ich finde es bewundernswert, wie positiv Claudia bleibt und welche gute Laune sie trotz der aktuellen Lage bei unserem Gespräch hat. Sie lässt nicht locker, auch deswegen nicht, weil sie fest davon überzeugt ist, dass es nur mit nachhaltigen Konzepten weitergeht:»Ich habe die Vision, dass nachhaltiger und bewusster Konsum normal wird. Dafür ist es wichtig, dass wir nicht mit dem Zeigefinger aufeinander zeigen, sondern dass Lust, Genuss und Fülle im Vordergrund stehen. Es gibt so viele Potenziale, die noch nicht ausgeschöpft werden, weil wir sie vielleicht noch gar nicht sehen. Wir müssen wegkommen von ›höher, schneller, weiter‹ und die Ellenbogen wieder einfahren. Wenn wir unseren Fokus auf das legen, was uns verbindet, anstatt auf das, was uns trennt, kommen wir als Menschen weiter, davon bin ich überzeugt.«

Das bedeutet in meinen Augen, dass das gesamte System neu gedacht werden muss. Und alle sollen mitmachen. Nachhaltigkeit ist kein Privatvergnügen, sondern ein Beitrag zum Gemeinwohl. Egal ob es um Kleidung, Nahrung oder Geld geht: Die bestehenden Systeme sind krank. Sie funktionieren nur, weil wir ausblenden, was außerhalb des Sichtbaren passiert, was hinter den Kulissen stattfindet. Unsere Systeme sind nicht nur darauf ausgelegt, eine kleine Gruppe von Menschen überdurchschnittlich zu bereichern, sie basieren auch auf der Ausbeutung der Mehrheit. Es wird allerhöchste Zeit, unsere Welt neu zu denken.

11

GETEILTES KLEID IST HALBES LEID

**Thekla Wilkening //
ehem. Kleiderei und Stay Awhile**

Meine Kündigung bei meinem alten Arbeitgeber vor einigen Jahren stellte in vielerlei Hinsicht einen Wendepunkt in meinem Leben dar. Nicht nur was meine Ernährungsgewohnheiten, sondern auch was mein Bewusstsein für Kleidung anging. Bevor ich nach Südamerika aufbrach, ging ich auf Swappartys, auf denen ich Kleidung tauschte, setzte mich selbst an die Nähmaschine, um Neues herzustellen oder Altes zu reparieren, lieh mir Dinge aus dem Freundeskreis und der Familie oder kaufte, wenn es gar nicht anders ging, ausschließlich gebraucht auf Plattformen wie Kleiderkreisel[68] oder im Secondhandshop. Auch auf der Reise selbst beschränkte ich mich auf ein Minimum. Zugegeben, nach acht Monaten Backpacking konnte ich das ein oder andere Kleidungsstück nicht mehr sehen. Die Erfahrung, mit wenig auszukommen, war dennoch wichtig für mich.

Thekla Wilkening ist in einem Haushalt aufgewachsen, in dem Nachhaltigkeit und Umweltschutz gelebt wurden. Die Familie ging beim örtlichen Fleischer und auf dem Wochenmarkt einkaufen, konsumierte ausschließlich biologsche Lebensmittel. Kein Wunder, dass Thekla in der Pubertät zur Revolte blies: In der Drogerie zwang sie ihre Mutter dazu, ihr rosafarbene Sprühdeos und Shampoos mit Vanilleduft zu kaufen, je mehr Plastik, desto besser. Als die Familie nach Köln umzog und Thekla auf eine Schule ging, die in der Nähe einer großen Einkaufsstraße war, verbrachte sie ihre Pausen und die Zeit nach Schulschluss in den Filialen der großen Ketten.

Erst während des Abiturs änderte sich etwas in Theklas Bewusstsein. Um zu verstehen, wie Kleidung hergestellt wird und was man im Prozess fairer gestalten könnte, entschied sie sich zu einer Ausbildung zur Bekleidungstechnischen Assistentin in Hamburg. Sie traf fortan langfristigere, fairere Kaufentscheidungen, legte Wert auf nachhaltige Produkte und entdeckte durch das Nähen von Kleidung ihre Liebe zur Mode wieder. Allerdings auf eine andere Art als zehn Jahre zuvor, denn ihr wurde klar, dass Mode mehr ist als die Kleidungsstücke, die man in einer Fußgängerzone kaufen kann. Sie stellte fest: Was ich selbst hergestellt habe, ist mir lieber und bedeutet mir mehr. Bis heute lebt sie Nachhaltigkeit in allen Lebensbereichen. Das bedeutet für sie: »Bewusste Entscheidungen treffen, egal auf welchem Gebiet: im Konsum, bei der Fortbewegung, im Leben, in den Finanzen, bei der Arbeit.«

Wie viel Einfluss die Erziehung auf ihre heutige Geisteshaltung hat, kann Thekla nicht sagen. »Aber es ist eine interessante Frage: Können Menschen, die überhaupt nicht nachhaltig geprägt wurden, im Erwachsenenleben nachhaltig sein? Oder braucht es die Sozialisation durch die Eltern?«

Thekla gehört, genau wie ich, zu einer Generation von Menschen, die mit Konsum aufgewachsen sind. Shoppen, Schnäppchen, Sonderangebote – die wenigsten von uns konnten sich diesem Lebensstil entziehen. Wie viele andere wurden wir von Eltern erzogen, die Wert auf ökologisch nachvollziehbare Entscheidungen legten. Beschäftigen wir uns deswegen heute mit Nachhaltigkeit? Oder täten wir es auch, wenn unsere Eltern ein ganz anderes Mindset gehabt hätten?

In Hamburg wohnte Thekla in einer WG mit ihrer Jugendfreundin Pola. Mit zum Inventar der Wohngemeinschaft gehörte das Knutschkleid. Das war ein Kleid, das von jedem in der WG reihum fürs Feiern angezogen wurde und ein Garant zum Knutschen an dem Abend war. War es das Kleid? Oder nur die Überzeugung, dass diesem Kleid Magie innewohnte? Das kann Thekla genauso wenig beantworten wie die Frage, wem das Kleid eigentlich ursprünglich mal gehörte. Als sie eines Abends in der WG zusammensaßen und über das Knutschkleid sprachen, kam ihnen eine Idee. Wenn Kleider, wie das Knutschkleid, nicht nur einem, sondern mehreren Menschen Freude machen können, sollten sie dann ein einsames Dasein in einem einzigen Kleiderschrank fristen? Warum nicht eine Bibliothek für Klamotten eröffnen? Aus dem nächtlichen Einfall wurde ein Konzept. Sie fanden ein Ladenlokal, dreißig Quadratmeter auf St. Pauli. Die Räume gehörten zu einer Galerie auf der Reeperbahn, standen jedoch die meiste Zeit leer – sah man von einem riesigen Regal mit Kunstbüchern ab, die jedoch niemand auslieh, weil die Beschäftigten der Galerie eben in der Galerie und nicht im Laden waren. Für kleines Geld durften Thekla und Pola einziehen, einzige Bedingung: Zu den Ladenöffnungszeiten der »Kleiderei« durften die Galeriebesucher kommen und sich Bücher ausleihen.

»Wir hatten zu dem Zeitpunkt gar keine Ahnung, wie tief wir bereits in der Share Economy steckten. Wir brauchten einfach einen Laden, und die Lösung war für uns perfekt.«

Sie legten los. Was soll schon passieren? dachten sich die Freundinnen. Wenn es nicht klappt, hören wir wieder auf.

Ich bin in meinen Gesprächen mit den Green Rebels immer wieder überrascht, wie häufig die Gründer*innen einfach loslegten – ohne Zweifel, ohne Misstrauen, ohne Angst. #einfachmachen. Wird schon schiefgehen. Thekla erklärt, was ihr und Pola damals durch den Kopf ging: »Wir können uns die ganze Zeit beschweren, dass sich nichts ändert, oder wir machen einfach mal.« Dabei war der Antrieb, das Konzept auszuprobieren und den ökologischen Gedanken voranzutreiben – nicht unbedingt der Wunsch nach einem eigenen Laden.

Einfach machen. Der Claim setzt etwas in mir in Gang. Ist das vielleicht genau das Quäntchen, das es zum erfolgreichen Gründen braucht? Bin ich deshalb mit meinen eigenen Gründungsideen nie zu Potte gekommen? Weil ich über die Gedankenspiele nicht hinauskam? Weil ich mir eben nicht einfach eine Freundin, einen Laden oder einen netten Bankberater suchte und anfing? Viel Geld brauchten Thekla und Pola nicht, um die Kleiderei zu eröffnen. Die Klamotten, die sie in den Verleih gaben, stammten aus ihrem eigenen Kleiderschrank und von Freunden, wurden gespendet oder kamen von einigen kleinen Labels aus Hamburg. Weil es eine technische Lösung für ihr Verleihkonzept nicht gab und das Geld für eine Programmierung natürlich fehlte, arbeiteten die beiden mit Papier und Stift. Ganz oldschool, mit großen Karteikärtchen und Holzkästen, in denen sie die Daten ihrer Kundschaft aufbewahrten. Eben wie in einer richtigen Bibliothek. Und dann eröffneten sie ihren Laden. Einfach so. Ohne einen Plan, wie ihr Business dauerhaft funktionieren sollte, und ohne zu wissen, dass sie gerade Pionierarbeit leisteten. »Begriffe wie Share Economy und Collaborative Consumption kannten wir gar nicht. Die haben wir von Journalisten gelernt, die uns interviewt haben.«

Denn ihre Idee wurde sofort begeistert aufgenommen, von der Presse, aber vor allem von den Kundinnen. »Wir wurden überrannt«, erzählt Thekla, »und hätten niemals mit so einem Ansturm gerechnet.«

Frauen aus der ganzen Republik schrieben ihnen. Aus Berlin und München, aber auch aus kleineren Städtchen, in denen coole Klamottenläden oft Mangelware sind. Zwei Jahre nach der Eröffnung der Kleiderei entschlossen sich die Gründerinnen deshalb, eine Onlineversion des Ladens zu launchen. Das Kapital, etwas mehr als 15 000 Euro, bekamen sie über eine Crowdfunding-Kampagne zusammen. Sie entwickelten ein Abomodell, um den Kundinnen regelmäßig wechselnde Kleidung zukommen zu lassen und für Abwechslung im Kleiderschrank zu sorgen. Denn den Moment kennt vermutlich jede Frau: Man steht vor dem Schrank, der überquillt vor Klamotten, und hat trotzdem »nichts« zum Anziehen.

Im Grunde besitzen wir alle viel zu viele Kleidungsstücke – viel mehr, als wir tragen können, und deutlich mehr, als wir brauchen. Den größten Teil unserer Garderobe haben wir nur selten an, manchmal gibt es sogar Stücke, die wir kein einziges Mal anziehen. Wir besitzen so viele Kleidungsstücke in unseren Kleiderschränken, dass wir 30 Jahre nichts kaufen müssten und dennoch genug Klamotten hätten, um nicht nackt durch die Gegend spazieren zu müssen. Jedes fünfte Kleidungsstück wird in Deutschland nach dem Kauf nicht getragen[69], eine Million Tonnen Kleidung wird jährlich aussortiert, Tendenz steigend.

Durch die Globalisierung und die Digitalisierung hat sich die Fast Fashion nicht nur um ein Vielfaches beschleunigt, unser Planet ist gefühlt auch kleiner geworden. Wir erfahren, wenn in Bangladesch eine Fabrik einstürzt, und hören Geschichten von Näherinnen, die ihren Hilferuf aus dem Sweatshop in das Etikett eines Pullovers einnähen.[70]

Weltweit werden jedes Jahr 100 Milliarden Kleidungsstücke produziert. Häufig für nur wenige Euro im Einkauf und mit fetten Margen und lukrativen Gewinnen im Abverkauf. Jedem dürfte mittlerweile klar sein, dass es in den ärmsten Ländern der Welt Fabriken gibt, in denen Männer und Frauen, im schlimmsten Fall sogar Kinder, für einen Hungerlohn schuften. Das Fatale ist, dass wir dem T-Shirt, das wir in einer stylischen Boutique oder einem schön eingerichteten Kaufhaus entdecken, nicht ansehen, welchen Weg es bereits genommen hat. »Made in India« ist alles, was uns das Etikett verrät (denn seit dem »Zwischenfall« mit dem Hilferuf achten die Modefirmen noch viel genauer darauf, dass wir nur das erfahren, was wir erfahren sollen). Wir ahnen, dass das nichts Gutes bedeutet, und fühlen uns gleichwohl überfordert. Was darf ich noch konsumieren? Wie mache ich es richtig? Wie kann ich Produkte erwerben, für die kein anderer leiden musste? Sollen wir den Konsum vielleicht ganz unterbinden und nur noch Selbsthergestelltes tragen? Wovon sollen die Leute im produzierenden Gewerbe dann leben? Wie kann Mode in unserer Welt fortbestehen? Und welche Möglichkeiten gibt es, aus dem ganzen Modezirkus auszusteigen und den immer neuen Konsum zu stoppen? Denn wie schon einmal gesagt: Selbst wenn wir nur noch Slow Fashion kaufen, sie aber genauso behandeln und wegwerfen wie Fast Fashion, ist der Welt nicht geholfen.

Es gibt jedoch eine Lösung, die so einfach wie brillant ist: Sharing. Vor einigen Jahrzehnten hätte sich kaum jemand vorstellen können, das Auto mit jemand anderem zu teilen. Oder die Plattensammlung, die Bibliothek oder den Job. Aber das Leben wird immer teurer, der Platz knapper, und es hat ein geistiger Wandel eingesetzt, weg vom Besitz- und hin zum Nutzungsrecht. Man kann alles teilen: Bücher, Musik, Filme, Autos, Flugzeuge[71], Nahrungsmittel, Bilder und Fotos, Internetverbindungen, Nutzeraccounts, Mobilfunksendemasten, Möbel, Erziehungsrechte, Wohnungen, Sexual- und Beziehungspartner und vieles mehr. Sharing is pairing – und caring. Denn je weniger Produkte oder Dienstleistungen auf eine einzige Person entfallen oder nur von ihr genutzt werden, desto besser ist das für den Planeten.

Nehmen wir zum Beispiel das Auto, des Deutschen liebstes Kind. Das Umweltbundesamt gibt an, dass private Pkw im Schnitt 23 Stunden am Tag ungenutzt bleiben.[72] Trotzdem kostet das Auto natürlich Geld: Anschaffungskosten, TÜV, Reparaturen, Steuer und Versicherung, eventuelle Leasing- oder Kreditverträge. Teilt man sich ein Auto, und zwar nicht nur mit dem netten Nachbarn, sondern mit der ganzen Stadt (zumindest in der Theorie), wird nicht nur die Auslastung eines Wagens drastisch erhöht, es wird für den Einzelnen auch billiger. Vor allem bei jungen Menschen kommt die Idee des Carsharings mittlerweile sehr gut an, unter anderem auch weil die Mein-Haus-meine-Jacht-mein-Auto-Mentalität nicht mehr zum Mindset des modernen Menschen passt. Wir wollen uns nicht das ganze Leben lang abrackern, um ein viel zu teures Eigenheim und einen schicken Sportwagen zu besitzen, mit dem wir vor unseren oberflächlichen Freunden angeben können. Wieso auch? Lebensqualität und eine sinnstiftende Aufgabe sind uns wichtiger geworden. Deswegen trifft die Idee des Sharings ja auch den Nerv der Zeit. Anstatt einen Container voller Dinge mit uns herumzuschleppen, sichern wir unsere Daten in der Cloud, streamen Musik und Filme über Netflix, Spotify und Co. und leihen uns E-Roller, Fahrräder und Autos nach Bedarf. Frei nach dem Motto: Ich besitze nur die Dinge, die ich wirklich besitzen will – und verhindere so, dass die Dinge mich besitzen. Als erfreulicher Nebeneffekt ermöglicht uns dieser Lebensstil Flexibilität. Ein Umzug in eine andere Stadt oder ein anderes Land, egal ob für sechs Monate oder den Rest des Lebens, ist deutlich einfacher, wenn man keinen kompletten Hausstand samt einer Garage voller Autos mit sich herumschleppt.

Doch so gern wir in vielen Bereichen auch teilen, bei Klamotten haben einige von uns immer noch ein komisches Gefühl. Bemerkenswert, wenn man bedenkt, dass manche sogar in offenen Beziehungen leben. Und wenn wir in ein Hotel gehen, wird ja auch nicht jedes Mal die Matratze ausgetauscht. Aber bei Kleidern hört die Freundschaft auf.

Das Fraunhofer-Institut befragte im Rahmen des Projekts Wear2Share (in dem Thekla übrigens als Expertin mitarbeitet) 1171 Frauen zum Fashion-Sharing. Gerade mal ein Drittel konnte sich vorstellen, Kleidung temporär zu mieten oder zu leihen – die restlichen Befragten gaben an, dass es keine Option für sie sei.[73] Aus bemerkenswerten Gründen: Fast 70 Prozent sorgten sich, für mögliche Schäden am Geliehenen haften zu müssen, 65,5 Prozent bevorzugten den Besitz von Kleidung, über 55 Prozent befürchteten, Gebrauchsspuren an den Mietkleidungsstücken zu finden. Immer noch mehr als die Hälfte ging außerdem davon aus, dass das Leihen langfristig teurer sei als das Besitzen. Und knapp 47,4 Prozent gaben an, grundsätzlich keine Kleidung tragen zu wollen, die andere bereits angehabt hatten. Und das, obwohl die meisten der Befragten die Möglichkeit schätzen, Kleidung nicht kaufen zu müssen, die sie beispielsweise anlassbezogen nur ein einziges Mal anziehen wollen. Auch die Idee, Fehlkäufe zu vermeiden oder unterschiedliche Stile auszuprobieren, gefällt der Mehrheit. Immerhin 52,6 Prozent geben den Umweltaspekt als Grund an, der für ein Leihen von Kleidung spricht, dieselbe Anzahl der Befragten würde sich über mehr Abwechslung bei der eigenen Kleidung freuen.

Denn auch das ist ein Problem des Bekleidungsmarkts: Wer einen Laden oder einen Onlineshop besucht, möchte in regelmäßigen Abständen etwas Neues sehen. Dass Konsum so funktioniert, haben wir regelrecht gelernt und eine Erwartungshaltung daraus entwickelt. Im konventionellen System sind Läden und Shops also darauf angewiesen, dass immer wieder neue Ware nachkommt. Diese drückt aber auch auf die bestehenden Artikel, weswegen es immer wieder Rabatte, Schluss- und Ausverkäufe gibt. Diesen Kreislauf gilt es an irgendeiner Stelle zu unterbrechen. Es gibt bereits Initiativen wie Fair Fashion Solidarity, die Modelabels dazu auffordern, die nicht abverkaufte Ware einzulagern und in einem Jahr wieder zum Verkauf anzubieten, anstatt sie zu reduzieren – oder die neue Kollektion so zu designen, dass die unverkaufte Ware dazu passt. Da fragt man sich natürlich: Warum ist das nicht schon immer so? Die Antwort lautet: weil die Modeunternehmen dann weniger verkaufen würden.

Und da, liebe Leserinnen, müssen sich viele von uns etwas eingestehen: Häufig sind es wir Frauen, die beim wahnsinnigen Modezyklus mitmachen. Sei es, weil die Marketingaktionen der Firmen uns dazu verführen, ständig neue Produkte zu kaufen. Oder weil Frauen dem Druck ausgesetzt sind, Schönheitsidealen entsprechen zu wollen und die neusten Trends mitmachen zu müssen. Als Folge des sich immer schneller drehenden Modekreislaufs ist Fast Fashion häufig aus günstigen Kunstfasern hergestellt, qualitativ minderwertig verarbeitet und häufig passformseitig mangelhaft – weil einfach die Zeit fehlt, die Produkte mit Sinn und Verstand zu entwickeln. So wurden 2010 weltweit etwa 40 Millionen Tonnen Polyester für Bekleidung hergestellt, für 2030 wird die doppelte Menge pro Jahr prognostiziert. Rund 60 Prozent aller verkauften Kleidungsstücke bestehen mittlerweile aus diesem Material – Tendenz steigend.[74] Der Großteil der Männer dagegen kauft, besitzt und trägt Kleidung ganz anders: bedarfsorientiert und langlebig. Würden Frauen so shoppen gehen wie die meisten Männer (eher widerwillig, zielorientiert und zügig), würde die Modeindustrie vermutlich nicht zu den ausbeuterischsten des Planeten gehören.

»Kleider zu teilen, anstatt sie zu besitzen, bedeutet Leichtigkeit, Flexibilität und mehr Abwechslung«, sagt Thekla. »Und natürlich einen nachhaltigen Umgang mit den Kleidungsstücken.«

Die Kleiderei lief besser, als sich die Gründerinnen jemals hätten vorstellen können. Gleichzeitig stießen Thekla und Pola mit der Struktur ihres Unternehmens, das aus einer innovativen Idee heraus geboren und aus einer Mischung aus Zufall, Glück und Pioniergeist gegründet wurde, an ihre Grenzen. »Wir kamen mit der Organisation nicht mehr hinterher«, erzählt Thekla. »Es war so viel Arbeit, das Kuratieren, Verpacken, Versenden, die Pakete in Empfang nehmen, die Kleidung manchmal ausbessern, wieder in den Onlineshop stellen ... Wir konnten immer nur reagieren, nie strategisch denken. Das Geschäft hat uns einfach überrollt.«

Über einige Jahre konnten Thekla und Pola dem Ansturm standhalten. Doch die Probleme verschlimmerten sich. Es war kein Wachstum möglich, von einer Prozessoptimierung ganz zu schweigen. »Wir hatten eine Million Baustellen«, sagt Thekla. »Und keine Zeit zu überlegen oder etwas zu verbessern. Wir hätten eine Pause gebraucht, um uns zu restrukturieren und durchzuatmen. Aber im laufenden Betrieb ging das nicht.«

Diese fehlenden Pausentasten sind, vor allem in den Gründungsphasen, ein Problem. Insbesondere dann, wenn es niemanden gibt, der für einen einspringen kann. Vor meinem Gespräch mit Thekla hätte ich gedacht, dass ein Team das Risiko einer personellen Überbelastung nach einer Unternehmensgründung auffangen könnte. Nun weiß ich: Wenn das Unternehmen all seine Beschäftigten bis zur Grenze des Belastbaren in Anspruch nimmt, darf niemand schlappmachen – egal wie viele es sind.

»Für Pausen gibt es in der Unternehmerwelt keine Lösung, irgendjemand muss immer weitermachen. Und wenn niemand da ist, der weitermacht, machst du eben den Laden dicht. Pausen gibt es nicht für Unternehmerinnen. Auch kein Sabbatical. Keinen Samstag und keinen Sonntag, wenn man ein Onlinebusiness hat.«

Im Januar 2018 berichtete Arte über die Kleiderei. Nach der Ausstrahlung meldeten sich so viele Interessierte, dass die Warteliste auf 1500 potenzielle Kundinnen anschwoll. Es war der Moment, als Thekla und Pola merkten: Es geht nicht mehr.

Sie beschlossen, ein paar Wochen innezuhalten. Nur einmal durchatmen. Nur ein paar Wochen Ruhe. Regenerieren, überlegen, wie es weitergehen kann. Doch das Geld ging schneller aus, als sie gedacht hatten. Und viel schneller, als sich die Akkus wieder aufluden. Ehe sie es sich versahen, mussten sie Insolvenz anmelden – auch wenn es ihnen das Herz brach.

»Das hatten wir nicht geplant«, erzählt Thekla. »Es hat sich einfach so entwickelt.«

Das Problem ist, dass es in unserem Land keine Kultur des Scheiterns gibt. In Ländern wie Amerika gehört Scheitern beinahe zur Biografie eines erfolgreichen Unternehmers dazu – aber in Deutschland ist Scheitern ein Makel, eine Schande. Wir wissen nicht, wie man damit umgeht, wenn jemand mit einer Unternehmung aufgeben musste. Oder einer Ehe. Oder dem Projekt Kinderkriegen. Und noch viel weniger wissen wir, wie wir unser eigenes Scheitern kommunizieren sollen. Nicht immer hat Scheitern mit Versagen zu tun, und dennoch schlägt mir das Schreibprogramm das Wort als Synonym vor. Genau wie: Missglücken, Fehlschlagen, Misslingen. Es ist eine hohe Kunst, sich von diesen Zuschreibungen freizumachen und offen zuzugeben: *Wir haben es versucht. Es hat am Ende nicht so geklappt, wie wir es wollten. Danke für eure Unterstützung.* Thekla und Pola entschieden sich jedoch dazu, genau diesen Schritt zu gehen. Sie schrieben einen offenen Brief an ihre Kundinnen und bekamen für ihre Ehrlichkeit sehr viel positive Rückmeldung und Zuspruch.

»Es war auch tröstlich zu wissen, dass wir nicht mit unserer Idee gescheitert sind, sondern mit dem Unternehmen.«

Dann endlich kam die lang ersehnte Pause. Pola kümmerte sich um ihr Kind, das sie kurz zuvor bekommen hatte, Thekla versuchte zur Ruhe zu kommen und sich zu sortieren. Doch das Leben hatte andere Pläne mit ihr. Denn am Ende des Jahres 2018 kam Hendrik Scheuschner auf sie zu und bot ihr einen Job in seinem Unternehmen Relenda an. Unter der Dachmarke führte Scheuschner Onlineverleihsysteme für Baby-, Kinder- und bald auch Frauenmode. Er fragte Thekla, ob sie bei Stay Awhile einsteigen wolle, das ein ähnliches Konzept wie die Kleiderei verfolgen sollte, allerdings mit einem deutlich größeren Unternehmen dahinter, einer ganz anderen Aufgabenteilung und auch mehr Struktur.

Thekla war zunächst schockiert. »Noch mal das alles von vorn? Das konnte ich mir nicht vorstellen.« Zumindest am Anfang. Aber von der Grundidee der textilen Kreislaufwirtschaft und des Klamottenverleihens war Thekla ja nach wie vor überzeugt. Warum nicht ihre Expertise bei Stay Awhile einbringen? Sie überlegte. »Es kam mir ein bisschen vor wie ein Blind Date. Und ich habe mich gefragt: Will ich das wieder? Will ich wirklich noch einmal drauf auf den Rollercoaster?«

Sie entschied sich dafür. Da Stay Awhile zu einem größeren Unternehmen gehörte und Aufgaben, die sie bei der Kleiderei mit Pola selbst übernommen hatte, nun von anderen Abteilungen verantwortet wurden, blieb ihr endlich Zeit für das, was ihr wirklich Freude bereitet: Kooperationspartner für den Ausleihservice finden.

Fast zwei Jahre ging alles gut. Dann kam Corona. Weil von einem Tag auf den anderen kaum jemand mehr die Wohnung oder das Haus verließ, in allen Büros auf Homeoffice umgestellt wurde und auch die Freizeitaktivitäten schlagartig wegfielen, brach der Umsatz bei Stay Awhile ein. Wer weder arbeiten noch feiern geht, braucht auch keinen Blazer für ein Vorstellungsgespräch, kein festliches Kleid für die Oper und keinen schrillen Partyfummel für die Disconacht. Die Jogginghose war plötzlich das It-Piece schlechthin, und für die halbe Stunde am Tag, die man im Park eine Runde drehte oder in den Supermarkt ging, musste man sich nun wahrlich nicht herausputzen.

Thekla stieg im März bei Stay Awhile aus, fünf Monate später gab Relenda die Einstellung aller Sharingplattformen bekannt. Und das, obwohl sie 2018 noch den deutschen Nachhaltigkeitspreis gewonnen hatten. Auch Tchibo share, ein Leihservice für Kinderkleidung, der von Relenda mitbetrieben wurde, gab Ende 2020 auf. Zu wenige wollten in diesem Jahr online Kleidung leihen.

Eine gute Idee, zwei Unternehmenskonzepte – und zweimal Scheitern. Thekla denkt eine Weile nach, als ich sie dazu befrage, und antwortet dann: »Ein bisschen ist es vermutlich so, wie wenn die Kinder mit 19 ausziehen. Ein Auge weint, das andere lacht.« Und dann fügt sie hinzu: »Mein Kind ist halt nur mit 24 wieder eingezogen. Als es dann wieder ging, tat es eben noch mal ein bisschen weh. Aber jetzt ist es okay.«

Auch wenn Stay Awhile und Tchibo share aufgeben mussten, spielt eines von Theklas Kindern noch mit: Die Kleiderei wurde nach der Insolvenz von Thekla und Pola von Lena Schröder übernommen. Es gibt sie mittlerweile in Köln und in Freiburg. Das sei manchmal ein komisches Gefühl, gibt Thekla zu, dass ihre Idee nun von anderen weitergeführt werde. Es überwiegt aber die Freude darüber, dass die Kleiderei überlebt hat und damit auch ihre Gründungsidee weitergeführt wird.

Ich finde es sehr interessant. Die ursprüngliche Kleiderei war zu klein, um die große Nachfrage zu bewältigen. Stay Awhile indes war zu groß, um von der verhältnismäßig kleinen Nachfrage zu leben. Oder um die Zäsur zu meistern, die Corona bekanntterweise mit sich gebracht hat.

Pausen und Fortschritt. Wachstum und Regeneration. Es sind Theklas Themen – aber auch Themen, auf die ich im Verlauf der Gespräche mit den Green Rebels immer wieder stoße. Frauen als Gründerinnen, so sind sich viele, mit denen ich rede, einig, verfolgen eine 360-Grad-Denkweise. Sie betrachten ein Problem umfassend von allen Seiten und klammern dabei auch kritische Punkte nicht aus. Deswegen gehe es manchmal auch erst einen Schritt zurück, bevor es einen Schritt vorangehe. Denn Umsichtigkeit kann das eigene Wachstum ausbremsen und verunsichern.

Außerdem sagt Thekla etwas, was noch sehr lange in mir arbeiten wird: Frauen sind von der Natur her zyklische Wesen, Männer eher linear. Es stimmt, an ein paar Tagen im Monat fühle ich mich müde und ausgelaugt, bin reizbar und weinerlich, an anderen hingegen strotze ich nur so vor Energie und Willenskraft. Selbst mit Blick auf einen Lebenszyklus bestätigt sich Theklas These: Frauen unterliegen zyklischem Wachstum. Schwangerschaft, Wochenbett und die ersten Jahre mit kleinen Kindern bedeuten unweigerlich eine Pause. Natürlich gibt es viele Frauen, die sich diese Pause nicht nehmen, die eine Nanny engagieren oder bei denen der Mann zu Hause bleibt und auf das Kind aufpasst. Doch im gesamtgesellschaftlichen Kontext sind diese Geschlechtsgenossinnen doch eher die Ausnahme. Die meisten Frauen, die ich kenne, akzeptieren, dass es Phasen in ihrem Leben gibt, in denen sie nicht nach vorn gehen können, in denen sie regenerieren und konsolidieren müssen. Sie nehmen hin, dass es nicht immer nur bergauf geht. Es ist eine spannende Frage: Ist es in unserer Biologie angelegt, dass Männer nach vorn streben und Wachstum provozieren und Frauen eher nachvollziehen können, dass Wachstum auch eine Pause braucht? Und können sie deswegen vielleicht besonders nachhaltige, grüne Unternehmen bereichern, die in den meisten Fällen ein anderes Wachstumsstreben haben als konventionelle Gründungen?

Start-ups zeichnet aus, dass sie auf schnelles Wachstum ausgerichtet sind. Angeblich scheitern zwischen 80 und 90 Prozent.[75] Als Gründe werden die Mitgründer, die Marktorientierung, das Ökosystem, die Skalierbarkeit, aber auch das Wachstum genannt. Doch wie bereits anfangs erwähnt, unterliegen Start-ups bestimmten Bedingungen. Sie dürfen nicht stehen bleiben, nicht innehalten oder sich gar zurückentwickeln – und genau das ist der Grund, warum so wenige von ihnen, egal ob grün oder nicht, durchhalten. Vielleicht erklärt es auch, warum nur 16 Prozent aller Start-up-Gründer weiblich sind.[76]

Passen Frauen und schnelles Wachstum am Ende gar nicht zusammen? Sind sie zu umsichtig dafür? Oder ist die Welt, in der wir leben, einfach nicht auf das natürliche, zyklische Wachstum von Frauen ausgelegt? Weil sie sehr lange von Männern dominiert wurden oder noch immer dominiert werden, die eben jene Welt mit ihrem linearen, stark nach vorn treibendem Wachstum geprägt haben? Müssen wir Frauen uns verändern, oder ist es vielleicht die Welt, die sich wandeln muss?

Nach dem Gespräch mit Thekla knabbere ich noch lange an den Fragen herum. Unsere Welt ist doch eigentlich auch zyklisch, denke ich, das sehe ich an den Blumen auf dem Balkon und an den Jahreszeiten. Blumen blühen nicht immer, sondern haben verschiedene Phasen, von der Knospe über die Blüte bis zum Absterben und der Wiedergeburt im nächsten Jahr. Ein Obstbaum trägt nur einmal im Jahr Früchte. Im Winter hat er nicht mal Blätter. Er nimmt sich eine Pause. Er regeneriert. Das ist der natürliche Lauf der Zeit.

Ironischerweise wurde die gesamte Welt im vergangenen Jahr kollektiv in die Pause geschickt. Bei allem Schrecklichen, das die

Coronakrise hervorgebracht hat, war sie doch auch so etwas wie eine ultimative Verschnauf- und Regenerationsphase. Eine Zeit, in der Globalisierung, Digitalisierung, Überkonsum und Klimawandel zumindest kurzzeitig unsere Lage nicht noch schlimmer machten. Ein Moment des Innehaltens, ein Augenblick der Stagnation.

Frauen wissen, dass nach diesen Phasen des Stagnierens auch wieder Phasen des Wachstums kommen. Die Frage, die ich mir also stelle, lautet: Was machen wir draus? In welche Richtung wollen wir wachsen? Und in welchem Tempo? Haben wir unsere Lektion gelernt? Oder legen wir, sobald eines Tages wieder so etwas wie Normalität in unser Leben einzieht, erst richtig los und werden noch schneller? Wann werden wir uns selbst dabei einholen? Und wann kommen wir nicht nur ins Stolpern, sondern fallen so schwer hin, dass wir uns nicht mehr erheben werden?

Thekla ist positiv: »Die meisten Leute hoffen, dass die Umstellung auf wundersame Weise weniger unbequem wird, als sie denken. Es wäre toll, wenn wir alle verstehen, dass es kleine Schritte sind, die uns zum Erfolg führen.«

Kleine Schritte sind wichtig. Genau wie Rückschritte. Und auf der Stelle treten. Das gehört dazu.

Auch darin liegt Wachstum.

12

HEY, BIG SPENDER!

Joana Breidenbach // betterplace.org

Nachhaltigkeit, was ist das überhaupt? Wir benutzen das Wort so selbstverständlich, aber was beinhaltet es eigentlich? Der Begriff bedeutet ursprünglich eine »längere Zeit anhaltende Wirkung«[77] und bezog sich bei seiner ersten Erwähnung 1560 in der kursächsischen Forstordnung auf die Abholzung des Waldes: Es sollte trotz hohen Bedarfs nicht mehr abgeholzt werden, als nachwachsen konnte.

1713 griff Hans Carl von Carlowitz, wieder ein Forstwirt, den Ausdruck erneut auf, indem er ihn für die Wechselbeziehung von ökologischem Gleichgewicht, ökonomischer Sicherheit und sozialer Gerechtigkeit verwendete. Später erreichte »Nachhaltigkeit« auch den englischen Sprachraum und wurde mit »sustainable yield«, nachhaltigem Ertrag, übersetzt. In den 1970er-Jahren entdeckte die deutsche Ökobewegung den mittlerweile zu »Sustainability« verkürzten Begriff wieder und brachte ihn zurück in den deutschen Sprachgebrauch – als Nachhaltigkeit.

Mit Forstwirtschaft hat Nachhaltigkeit heute auch zu tun, aber natürlich sind noch viele andere Felder dazugekommen. Während Menschen, Kulturen und Gesellschaften vor der Industrialisierung einen durchaus nachhaltigen Lebenswandel prägten, läutete das Aufkommen von Dampfmaschinen und Mechanik eine neue Ära ein: Es wurde schneller und mehr produziert, dabei wurden Ressourcen in hohem Maße verbraucht – und zwar in einem höheren Tempo, als sie nachwachsen konnten.

Heute leben wir in einem Zeitalter, in dem die Produkte und Dienstleistungen in solchem Überfluss auf den Markt drängen, dass wir uns nicht nur von der schieren Masse, sondern auch von der Kurzlebigkeit der Dinge überfordert fühlen. Obwohl die Ressourcen längst nicht mehr in der Fülle vorhanden sind wie vor 200 Jahren, als die industrielle Revolution in etwa einsetzte, werden wir als Konsumentin oder Konsument unentwegt dazu aufgefordert, unserer Daseinsbestimmung nachzukommen: *Konsumiere, bitte schön!*

Genau hier setzt die Nachhaltigkeit ein – insbesondere in Anbetracht des drastischen Bevölkerungswachstums der letzten Jahrzehnte. Sie sagt: *Konsumiere nur das, was du wirklich brauchst, was fair produziert wurde und vollständig recycelt werden kann. Übrigens wäre es toll, wenn wegen deines Konsums kein anderes Lebewesen auf diesem Planeten leiden müsste, weder aufgrund von ökologischen noch sozialen Bedingungen.* Ja, das ist komplexer als der einfache Aufruf, sich alle Bedürfnisse ungehemmt zu erfüllen. Oder sind es am Ende gar nicht unsere, sondern die Bedürfnisse des kapitalistischen, konsumorientierten Systems? So ganz habe ich den Unterschied immer noch nicht verstanden. Und weil wir einfache, simple Dinge lieben und anstrengende, komplexe Dinge scheuen, hat das »Konsumiere, bitte schön!« bislang viel besser funktioniert als alles andere.

Nachhaltigkeit ist herausfordernd, nicht nur, weil sie Sinnfragen stellt, sondern vor allem weil sie sich auf alle Lebensbereiche ausweitet. Es geht um mehr als »nur« um Umweltbewusstsein. Nachhaltigkeit verfolgt einen holistischen Ansatz, weitet sich von der Ökologie auf die Gesellschaft aus, sickert in die Wirtschaft ein, hinterfragt Geschlechterverhältnisse, Sozialisation, Politik und Gerechtigkeit zwischen den Menschen auf der ganzen Welt. Kaum ein nachhaltiges Produkt kommt deshalb umhin, sich auch mit sozialen, ethischen und politischen, vielleicht sogar philosophischen Fragen zu beschäftigen. Man kann Nachhaltigkeit nicht eindimensional denken – es ist ein kompliziertes System, das, wenn man einmal angefangen hat, an einem Fadenende zu ziehen, zu immer neuen damit verknüpften Themen führt.

Davon wusste ich natürlich nichts, als ich mich vor mehr als zwanzig Jahren dazu entschied, auf Fleisch zu verzichten und keine Plastiktüten mehr zum Einkauf zu verwenden. In den Gesprächen mit den Gründer*innen habe ich jedoch herausgefunden, dass es fast allen so erging wie mir: Sie begannen an irgendeinem Punkt in ihrem Leben, sich in einem Bereich Fragen zu stellen oder ihre Gewohnheiten zu überdenken. Manche taten das beim Essen, manche in Bezug auf den Plastikmüll, manche bei Fragen der Mobilität und andere in puncto Konsum. Und plötzlich merkten sie, dass ihr Thema nur ein kleiner Bestandteil eines viel größeren Ganzen ist, dem sie sich Schritt für Schritt näherten. So lange, bis die Nachhaltigkeit in fast jeden Bereich ihres Lebens vorgedrungen war und ein nichtnachhaltiges Verhalten, worin auch immer, undenkbar war.

Oder anders gesagt: Wer sich dafür einsetzt, dass mehr Menschen vegane Produkte essen, wird nach der Demo vermutlich nicht bei Primark im Sale stöbern gehen.

Als ich mich mit Joana Breidenbach verabrede, sitzen wir natürlich wieder einmal vor unseren Computerbildschirmen. Ich habe großen Respekt vor der Frau, die sich seit so vielen Jahren mit gemeinwohlorientierten und nachhaltigen Lösungen beschäftigt, zum Thema New Work forscht, bereits mehrere Bücher geschrieben hat und häufig als Rednerin bei Kongressen und Vorträgen gebucht wird. Im Vergleich zu ihr komme ich mir klein vor mit meinen Bemühungen, die Papierbanderole vom Glasjoghurtbecher zu popeln und mir eine Biokiste vom Bauern nach Eimsbüttel liefern zu lassen. Mache ich das alles eigentlich konsequent genug? Meine ich es wirklich ernst? Wenn dem so wäre, würde ich mich dann nicht noch viel mehr diesem wichtigen, wenn nicht sogar wichtigsten Thema der Welt verschreiben?

Als Joana erzählt, wie sie zur Nachhaltigkeit kam, bin ich ein bisschen erleichtert. Denn auch sie berichtet von einem Prozess, der an einem Punkt begann und sich dann langsam ausbreitete – ursprünglich hatte sie anderes im Sinn. Joana interessierte sich vor allem für soziale Fragen und kam über Umwege zur Nachhaltigkeit. Nach dem Studium der Kulturanthropologie arbeitete sie fast zehn Jahre als Ethnologin und Publizistin. Dann unternahm sie mit ihrer Familie eine fünfmonatige Weltreise, die sie unter anderem auch nach Bhutan führte. Sie besuchten die Choki Art School, eine Kunstschule des Landes, die sie sehr beeindruckte. Ihr Mann hatte vor der Reise die Idee zu einem Onlineportal für Hilfsprojekte – ein Einfall, dem Joana allerdings nicht allzu viel Beachtung schenkte. In Bhutan wurde ihr jedoch klar: Es gibt keine Plattform wie die, die ihr Mann sich vorstellte – aber einen Bedarf. Nach ihrer Rückkehr fand sie zwei Mitstreiter und gründete betterplace.org, eine Plattform, auf der aktuell mehr als 30 000 Initiativen unterstützt werden, die sich dem Klimaschutz, dem Tierwohl, der Bildung und vielem mehr verschrieben haben. Hier können sich die User über die unterschiedlichsten Initiativen informieren, einen Betrag spenden und volle Transparenz erlangen, wofür ihr Geld eingesetzt wird.

Heute ist aus der 2007 gegründeten Spendenplattform eine beeindruckende Organisation geworden, die unter der Dachmarke gut.org mehrere Einrichtungen bündelt: Neben betterplace.org gibt es etwa das betterplace lab, ein Forschungslabor, in dem Joana immer noch ein paar Tage im Monat arbeitet, oder Das NETTZ, eine Vernetzungsstelle der Zivilgesellschaft gegen Hatespeech. Ein bunter Blumenstrauß der guten Dinge.

Joana berichtet in unserem Gespräch, dass sie sich nie vorstellen konnte, in einem Unternehmen zu arbeiten, das nicht auch einen ideellen Beitrag zur Welt leiste. »Ich habe mich schon immer für soziale Gerechtigkeit, Armutsreduzierung und Gleichberechtigung interessiert. Die Nachhaltigkeit kam erst später. Aber mich ließ die Frage nie los, welche Auswirkungen wir auf die Welt haben.«

Deshalb interessiert sie sich auch für die Zukunft und geht in ihren Forschungen der Frage nach: Wie können wir eine gerechte Welt gestalten, in der mehr Menschen ihren Platz finden können?

Joana findet das bestehende System unstimmig. »Ich habe ein starkes Gefühl der Dissonanz, wenn ich mir ansehe, wie wir wirtschaften und mit dem Planeten umgehen – und natürlich auch miteinander. Im Sozialen wie im Ökologischen arbeiten dieselben Mechanismen.«

Der Nukleus allen Übels ist, das höre ich aus dem Gespräch heraus, unser übersteigertes Ego. Ein gesundes, stabiles Ego ist gut, das brauchen wir, um einen eigenen Willen zu entwickeln, unsere Ziele nicht aus den Augen zu verlieren und motiviert zu bleiben. Aber wir leben in der Illusion, dass unser Ego alles ist, und vergessen darüber Gemeinschaft und Beziehung. Vor allem aber verlieren wir die Demut vor den vielen Dingen, die wir sowieso nicht beeinflussen können. Das aufgeblasene Ego steht uns häufig im Weg, denn es verhindert auch, dass wir den Blick nach innen richten und uns mit unseren Schwächen beschäftigen. Um unsere Unsicherheiten und Defizite zu kompensieren, konsumieren wir in hohem Maß. *Fühlt sich gut an! Kauf ich mir!* Dass dieser Konsum negative Folgen für unsere Gesellschaft und die Welt hat, vergessen wir dabei nur zu gern. Im Gegenteil, die Teilhabe an der konsumierenden Gesellschaft, das Gefühl, dazuzugehören, uns etwas leisten zu können, triggert nicht nur das Belohnungszentrum, es stärkt genau dieses Ego, das dafür sorgt, dass wir uns viel zu wenig um uns und andere sorgen.

»Ich frage mich«, sagt Joana, »wie können wir ein neues Paradigma entwickeln, das die krassen Probleme löst, die mit dem alten einhergehen – extrahierende Wirtschaft auf Profitmaximierung und Leistungsfokussierung, Produktivität, Rationalität?

Wie können wir eine neue Gesellschaft mit einem Weltbild bauen, das dem Menschen mehr entspricht? In der wir Potenziale entfalten können, Chancen gerecht verteilen und unser Ego zurückstellen? Was ist gut für die Menschheit *und* die Erde?«

Wieder einmal lerne ich ein neues Wort: globozentrisches Bewusstsein. Damit ist ein Blick aus multikultureller Perspektive auf die Welt gemeint, weg vom Ichdenken, hin zum Wir.

Und auch: weg von einer Welt, die in den vergangenen Jahrhunderten maßgeblich von Männern geprägt wurde. Frauen, sagt Joana, haben einen dezentralen Blick. So lange haben sie an der Macht keinen Anteil gehabt und sich daher auch nicht mit den vorhandenen Strukturen identifizieren können. Wer immer nur daneben steht, während andere die Welt gestalten, lernt eben, dass es nicht nur die eigene Perspektive gibt. Multiperspektivität ist Frauen deshalb geläufiger, weil sie sich häufig auch mit der Perspektive des Mannes auseinandersetzen mussten, die ihnen auferlegt wurde.

Joana spricht nicht gern von »Frauen« und »Männern« – sie vertritt wie viele, die ich mittlerweile kennengelernt habe, die Meinung, dass in jedem Menschen sowohl weibliche als auch männliche Anteile vertreten sind. Dennoch ist auffällig, wie viele Frauen einen reflektierenden Rundumblick haben, von dem die Gesellschaft in der Zukunft profitieren kann. Auch ihre Umsicht befähigt Frauen besonders dazu, grüne Unternehmen zu gründen, da diese häufig langsamer wachsen. Denn sie stellen sich auch detailliertere Fragen: Welchen Beitrag wollen wir leisten? Woher kommt das Klopapier, das wir für unser Büro bestellen? Wer putzt bei uns die Räume und für welchen Lohn? »In der männlich geprägten Finanzmarktlogik«, sagt Joana zwinkernd, »ist es wortwörtlich scheißegal, woher das Klopapier kommt. Das Unternehmen muss skalierbar sein!«

Wieder stoße ich auf das strukturelle Problem, für das unsere Zivilisation immer noch keine Lösung gefunden hat: Frauen überlassen die Finanzen oft den Männern und haben infolgedessen auch weniger Zugang zu Geld, beispielsweise in Form von Krediten. Somit haben sie es auf dem Kapitelmarkt schwerer, insbesondere dann, wenn sie ein Unternehmen gründen, das keine schnellen Wachstumsraten und fette Gewinne verspricht, sondern (auch) einem höheren Ziel dient.

Dass das höhere Ziel Frauen wichtiger ist als Männern, legt auch die Studie des Female Founders Monitor 2020 dar: Für 39 Prozent der Frauen hat die Green Economy eine hohe Priorität, das heißt ihre Motivation ist häufiger an ökologische Nachhaltigkeit gebunden, während es bei den Männern nur 35,8 Prozent sind. Auch dem Social Entrepreneurship fühlen sich mit 54,1 Prozent mehr als die Hälfte der Gründerinnen zugehörig, während es bei den Gründern nur 39,4 Prozent sind. Wenn man dagegen nach der Priorität ökonomischer Ziele fragt, liegen die Gründer mit 82 Prozent deutlich vorn – bei den Gründerinnen sind es nur 68,6 Prozent.[78]

Bei der Frage nach den genutzten Finanzierungsquellen haben fast 26 Prozent der männlichen Gründerteams Business Angels, erfahrene Expertinnen oder Experten, die dem Start-up finanziell und beratend zur Seite stehen, wohingegen es bei den Gründerinnen nur knappe acht Prozent sind. Und das, obwohl viele Gründerinnen diese Finanzierungsform bevorzugen. Noch extremer ist der Unterschied im Risikokapitalsektor, wo die Männer ebenfalls die Nase weit vorn haben. Die Finanzierung über Risikokapitalgeber zählt nicht zu den favorisierten Finanzierungsformen der Gründerinnen – das ist aber aufgrund schlechter Erfolgsaussichten auch nicht weiter verwunderlich. Allein beim Crowdfunding haben die Gründerinnen die Nase deutlich vorn mit knappen zehn Prozent, während die Gründer nur bei knappen drei Prozent liegen.[79]

Vielleicht hängt die ungleiche Finanzierungslage damit zusammen, dass viele Frauen, wie Joana es sagt, unfähig sind, sich potenziellen Investoren vollständig zu präsentieren, mit ihren Schatten- und Sonnenseiten. »Ich bin immer wieder enttäuscht, wie blass und zurücknehmend viele Frauen sind. Ich denke mir oft, du bist eine tolle Frau, zeig dich doch mal! Es fehlen Vorbilder. Ganz klar.« Sie weiß, wovon sie spricht. Ihre eigene Mutter gab ganz selbstverständlich ihren Beruf als Schauspielerin und Germanistin auf, als die Kinder kamen.

Aber wie sieht weibliche Führung denn nun aus? Ich erinnere mich wieder einmal an die weiblichen Vorgesetzten und Kollegen, denen ich schon begegnen durfte. Das waren zum Teil knallharte Frauen, die gelernt hatten, die Ellenbogen auszufahren und sich wie ihre männlichen Mitstreiter zu behaupten. Ich habe den Eindruck, dass Frauen genauso lange männliches Dominanzverhalten und Führungsstile kopieren werden, bis das System sich ändert. Oder ist es andersherum? Verändern wir das System, wenn wir endlich anfangen, uns nicht wie Männer zu verhalten und auch charakterlich unbedingt »gleich« sein zu wollen? Weil wir es eben nicht sind und niemals vollends sein werden?

»Die Entwicklung ist noch so jung und zart, dass wir selbst nicht wissen, was weibliche Führung eigentlich ist.«

Joana ist sich aber sicher, dass die Stunde der Frauen bald geschlagen hat. Denn durch die Digitalisierung hat die Bedeutung kommunikativer Fähigkeiten zugenommen. »In dem Moment, wo wir äußere Strukturen und Prozesse reduzieren, müssen wir viel mehr auf uns selbst zählen, souverän auftreten, offener kommunizieren können. Hier sind Frauen häufig emotional durchlässiger und interessierter, aber auch erfahrener. Sie verfügen über Ambient Awareness, ein Gespür für menschliche Spannungen und potenzielle Konflikte.«

Auch Selbstreflexion und Empathie werden in Zukunft wichtiger werden, als sie es heute sind. Das sind bislang eher Eigenschaften, die als weiblich gelten, die Frauen jedoch vor allem dazu befähigen, in unsicheren Zeiten in Führung zu gehen.

Mir fällt ein Artikel ein, den ich vor einigen Wochen gelesen habe, in dem beschrieben wurde, wie weiblich geführte Regierungen mit der Coronakrise umgehen. Tatsächlich ist es wissenschaftlich belegbar, dass Länder mit Frauen an der Spitze die Pandemie besser bewältigt haben, und zwar weltweit. Was nicht bedeutet, dass die Männer versagt haben – sondern dass es eben wenige Länder mit weiblichen Regierungsoberhäuptern gibt, die keine gute Arbeit geleistet haben.[80] In der Studie wurden 194 Länder auf verschiedene Indikatoren hin untersucht, wie sie die Pandemie in den Griff bekamen: zügige Verhängung der Quarantäne, politische Maßnahmen zur Eindämmung und die Rate der Todesfälle, unter Berücksichtigung von Faktoren wie dem Bruttoinlandsprodukt, der Bevölkerungszahl, der Bevölkerungsdichte, dem Anteil älterer Menschen und so weiter. Es wurde klar: Weibliche Regierungsoberhäupter reagierten schneller und entschiedener in der Krise. Zum Wohle der Bevölkerung.

»Viele Kompetenzen, die in der Zukunft gefragt sein werden, sind weibliche Kompetenzen. Unsere Welt ist fluide und unsicher, und Frauen sind eher bereit, diese Unwägbarkeiten einzugehen. Die Führungskompetenzen der Zukunft sind Kollaboration und Co-Kreation – beides können Frauen besonders gut, da sie die Welt bisher so erfahren haben. Sie sind ohne Frage dazu geeignet, Unternehmen, aber auch die Welt so zu bauen, wie sie sie als stimmig empfinden.«

In Zukunft, da ist sich Joana sicher, werden wir andere Eigenschaften von Politiker*innen und Unternehmer*innen erwarten als in der Vergangenheit. Denn die Welt ist im Wandel.

Joana beschäftigt sich seit vielen Jahren mit dem Konzept der New Work. Durch neue Technologien, die Digitalisierung und die Automatisierung werden in einigen Jahren viele Berufe überflüssig sein. Das hat auch Auswirkungen auf unsere Geisteshaltung, wie es sich bereits seit einigen Jahren mit den Lebensmodellen der Generation Y ankündigt, der ersten Generation, die bei steigenden Lebenskosten weniger als ihre Eltern verdient[81] und auch deswegen zunehmend weniger Sinn darin erkennt, den alten Idealen nachzueifern. Sie sucht nach einem neuen Sinn in ihrem Leben und ihrer Arbeit.

New Work versteht sich als Sammelbegriff für sinnstiftende Arbeit, die einen höheren Zweck verfolgt, eine Bedeutung hat und uns in die Zukunft führen wird. In diesem Konzept werden die Mitarbeitenden als das höchste Gut des Unternehmens verstanden, reines Profitdenken rückt in den Hintergrund, der gesellschaftliche Beitrag ist von elementarer Bedeutung. Das bedeutet auch, dass Führungsstile neu gedacht werden müssen. Ziel von New Work ist es, ein werteorientiertes, zukunftsfähiges Arbeitsumfeld zu schaffen, in dem die Beschäftigten im Zentrum stehen.

Doch noch sind wir nicht an dem Punkt, an dem die neue Arbeitswelt die alte ablöst. Stattdessen stecken wir mittendrin im Wandel. Joana erwähnt das Two Loops System Change Model des Berkana Institutes, das zwei Schleifen beschreibt, die wie Wellenlinien verlaufen. Während das eine System seinen Höhepunkt erlebt, die Kurve der Wellenlinie also nach oben zeigt, setzt der Wandel des anderen Systems ein, welches das alte ablösen wird.[82] Das bedeutet auch, während das alte System seinen Zenit überschreitet und im Niedergang begriffen ist, reift das neue System heran. Global betrachtet könnte man es so übersetzen: Mit dem Zerfall der Sowjetunion gab es kein Gegenmodell zum Kapitalismus mehr, der sich damit auf seinen Höhepunkt hinarbeitete. Marktwirtschaft, so schien es, war das bessere System. Vierzig Jahre später wissen wir, dass die Ressourcen eines Tages versiegen werden – das grenzenlos wirkende Wachstum hat Grenzen erreicht, der Weg für ein neues System ist bereitet.

Doch bis sich dieses neue System vollends und flächendeckend etabliert hat, wird noch Zeit vergehen. Auf der einen Seite herrschen immer noch die Paradigmen des alten Systems vor, Wohlstand, Ausbeutung, Industrialisierung, Effektivität, Produktivität. Auf der anderen Seite wird immer mehr Menschen bewusst, welche Bedeutung Nachhaltigkeit, Regenerationsfähigkeit, Fairness und Gerechtigkeit, aber auch neu verteilte Macht in Zukunft haben werden. Noch gelten die Gesetze des alten Systems, hier sind die fettesten Fische zu fangen. Viele der Start-ups auf dem Markt funktionieren daher nach den »alten« Regeln, egal wie innovativ und modern sie sich geben: Sie sind männlich geprägt und wachstums- beziehungsweise gewinnorientiert.

Auch grün heißt nicht gleich grün. Tesla verkauft beispielsweise E-Autos, Unternehmensstruktur und Ausrichtung sind aber klar auf den Profit ausgerichtet.

Joana fordert radikale Lösungen. »Unternehmen wie Tesla sind für mich Zwischenschritte auf dem Weg in eine andere Gesellschaft. Natürlich brauchen wir erneuerbare Energien und ein Umdenken in Sachen Mobilität. Aber die grundsätzlichen Strukturen der Firma sind im alten Paradigma verhaftet.«

In Zukunft werden wir kluge, flexible und kreative Lösungen für die großen Probleme finden müssen, die wir haben. Das Bedürfnis des Menschen, seine Zeit mit etwas Sinnvollem zu verbringen, wird wachsen. Gleichzeitig darf es nicht sein, dass diese häufig am Gemeinwohl orientierten Jobs schlechter bezahlt werden als andere. Joana sagt: »Als Gesellschaft haben wir bislang immer die Entscheidung gefällt, dass wir Investmentbankern sehr viel Geld geben wollen, aber Menschen, die mit ihren Berufen das Gemeinwohl fördern oder der Umwelt dienen, mit einem Bruchteil auskommen müssen.« Das Werteparadigma, das wir heute erleben, stammt aus den 1950er-Jahren, ist aber immer noch in den Köpfen der Menschen verankert. »Ich glaube, dass es von unschätzbarer Wichtigkeit ist, neue Arten von Organisationen und Unternehmen zu gründen. Nachhaltige Gründungen sind deshalb auf keinen Fall nur für Frauen interessant.«

Wir müssen unsere Welt gemeinsam denken. Dafür sollten Männer und Frauen miteinander arbeiten, nicht gegeneinander. Und deshalb ist es auch wichtig, dass Frauen, die Grenzen setzen,

Visionen entwickeln und Selbstbewusstsein zeigen, nicht als harsch oder hart wahrgenommen werden. Nur weil ich den Mund aufmache und meine Meinung kundtue, möchte ich noch lange kein Mann sein – ich imitiere nicht einmal männliche Verhaltensweisen, ich schaffe mir einfach Raum und beanspruche den Platz, der mir als Mensch zusteht. Mir ist bewusst, dass so tief verwurzelte Muster, die Frauen und Männer scheinbar auszeichnen, auch in meinem Kopf nicht von heute auf morgen verschwinden. Gleichzeitig begreife ich zum ersten Mal wirklich, dass auch das ein Unterdrückungsmechanismus der alten Welt ist: um Menschen, egal ob männlich oder weiblich, die Stimme zu nehmen und sie kleinzuhalten. Das langfristige Ziel ist nicht, die Welt in »bessere Frauen« und »schlechtere Männer« einzuteilen, sondern den Einzelnen mit seinen weiblichen und männlichen Anteilen zu betrachten und ihm im Rahmen seiner Talente die Möglichkeiten zur persönlichen wie beruflichen Entfaltung zu geben.

Joana Breidenbach hat betterplace.org als einzige Frau unter Männern gegründet. Sie fand es gut, ihren männlichen Kollegen genau die Aufgaben zu überlassen, die ihnen liegen und die sie besser beherrschen. Ihr Co-Gründer Til beispielsweise war besonders erfolgreich darin, ältere männliche Spender zu akquirieren, die sich oft in ihm wiedererkannten oder in ihm etwas sahen, was sie gern gewesen wären. Joana kennt hingegen ihre eigenen Qualitäten, weshalb sie Til niemals um etwas beneiden musste.

Die besten Teams, davon bin ich mittlerweile überzeugt, sind von hoher Heterogenität geprägt. Extrovertierte und introvertierte Persönlichkeiten, visionäre und realisierende, männliche und weibliche Anteile, unterschiedliche Perspektiven, auch durch andere kulturelle Hintergründe.

Ich schrieb es zu Beginn: Wer einmal anfängt, an einem Fadenende der Nachhaltigkeit zu ziehen, wird schnell auch in anderen Lebensbereichen seine Glaubenssätze und Gewohnheiten überdenken. Nach dem Gespräch mit Joana bin ich überzeugt davon, dass Frauen bei der Neugestaltung der Welt und Gesellschaft eine tragende Rolle spielen sollten, denn sie haben die Fähigkeit und die Voraussetzungen, in unsicheren Zeiten mit Umsicht und Weitblick das Schiff zu steuern. Wir dürfen gespannt sein, was die Zukunft für unsere Gesellschaft bereithält.

13

UMWEGE ERHÖHEN DIE ORTSKENNTNIS

Anastasia Umrik // ehem. inkluWAS

Der große Amerikaner Thomas Edison sagte einmal:»Ich bin nicht gescheitert. Ich habe 10 000 Wege entdeckt, die nicht funktioniert haben.«Im Laufe seines Lebens hat Edison mehr als 1000 Patente eingereicht – es ist also davon auszugehen, dass ein deutlich größerer Teil seiner Erfindungen niemals die Marktreife erlangte. Ihm werden dennoch die Erfindung der Glühbirne, des Phonographen, des Films, aber auch des leider in Vergessenheit geratenen elektrischen Stifts, des heute weitestgehend unbekannten Tasimeters[83] oder des von der Bildfläche verschwundenen Phonomotors[84] zugeschrieben. Selbst wenn viele seiner Erfindungen heute keine Rolle mehr spielen, war Edison ein unglaublich produktiver Geist, der mit seinen Artefakten den Weg für andere Erfindungen ebnete.

Zu Beginn unseres Gesprächs sagt Anastasia:»Ich weiß gar nicht, ob ich die richtige Gesprächspartnerin für dich bin. Ich habe das Modelabel, das ich zusammen mit einer Freundin vor einigen Jahren gegründet habe, ja aufgegeben.«

Es ist erst ein paar Monate her, dass Anastasia ihre Firma »inkluWAS. Design, das Denken verändert« offiziell schloss. Die Entscheidung, die Unternehmung zu beenden, sei schon früher gefallen, erklärt sie, aber die Rückabwicklung habe mehr als ein Jahr gedauert.

Doch in meinen Augen ist es wichtig, in diesem Buch nicht nur schillernde Erfolgsgeschichten zu erzählen. Das Scheitern oder die Fehlversuche gehören zum Gründen unbedingt dazu, und es wäre naiv, ein Unternehmen ohne den Gedanken an die Möglichkeit zu gründen, dass die ganze Sache am Ende eben doch nicht so hinhaut wie geplant.

Anastasia Umrik fällt auf. Bestimmt nicht, weil sie im Rollstuhl sitzt oder fast immer knallroten Lippenstift trägt. Sondern weil sie eine ganz besondere Aura hat. Sie ist, das erfahre ich in unserem Gespräch, eine echte Expertin darin, Lebenspläne über den Haufen zu werfen und noch einmal von vorn anzufangen. *Umwege erhöhen die Ortskenntnisse* steht auf ihrer Website. Mit Scheitern hat das, meiner Meinung nach, rein gar nichts zu tun.

Anastasia wurde in Kasachstan geboren und kam als Kind nach Deutschland. Bereits in jungen Jahren wurde die Krankheit Spinale Muskelatrophie bei ihr diagnostiziert, die durch den fortschreitenden Rückgang motorischer Nervenzellen im Rückenmark Muskelschwund, aber auch Lähmungen verursacht. Sie ist an den Rollstuhl gebunden und im Alltag auf Unterstützung durch eine persönliche Assistenz angewiesen. Für Anastasia kein Grund, sich zu beschweren. Sie hat eine sehr angenehme Art, auf Menschen zuzugehen, die zunächst vielleicht schüchtern oder unsicher sind, weil sie nicht wissen, wie sie mit ihrer Behinderung umgehen sollen. Mit Sätzen wie »Ich bin ja eigentlich dreifach benachteiligt. Frau, Ausländerin und Behinderte, das muss man erst mal schaffen« bricht sie sofort das Eis. Wir lachen viel in unserem Gespräch. Über Schwimmkerzen aus dem Weltladen, über Schnapsideen und auch übers Scheitern. Wir sprechen darüber, wie wichtig es ist, immer einmal häufiger aufzustehen, als man hingefallen ist – vor allem und auch dann, wenn man im Rollstuhl sitzt.

Anastasia wurde aufgrund ihrer Erkrankung auf einer Sonderschule geparkt. Das passiert vielen so, die nicht ins deutsche Schulsystem passen – aber Anastasia ließ das nicht auf sich sitzen. Sie kämpfte sich hoch, machte Abitur, studierte Soziale Arbeit. Und dann fing sie an, Projekte ins Leben zu rufen. Zuerst anderStark – Stärke braucht keine Muskeln, ein Fotoprojekt, für das Frauen mit Muskelerkrankungen von zwei Hamburger Fotografinnen porträtiert wurden. Danach ging es mit inkluWAS weiter, einem Label für nachhaltige, inklusive T-Shirts.

»Vor etwa neun Jahren dachte ich, ich muss etwas verändern. Durch meine Behinderung war ich immer in der Schublade der ›behinderten Frau‹, mir wurden immer die gleichen Fragen gestellt. Ich hatte die Idee, etwas zu erschaffen, das eine universelle Antwort auf die ganzen selten ausgesprochenen Fragen gibt. Dann habe ich eine Designerin kennengelernt, und wir beschlossen, etwas Leichtes und Humorvolles mit Design zu machen. Etwas, was sich nicht nach Aktivismus anfühlt, aber eigentlich Aktivismus ist. Ein paar Wochen später zeigte sie mir einen Entwurf, und ehe wir es uns versahen, hatten wir schon ein T-Shirt fertig. Noch bevor wir einen Shop hatten, war die erste Kollektion ausverkauft. Damit war klar: Okay, es läuft, wir machen weiter. Es war kein großes Ding mit viel Planung, wie man sich das immer so vorstellt. Es war eher eine Schnapsidee.«

Schnapsideen wie diesen bin ich im Laufe der Interviews schon häufiger begegnet. Manche führten zum Erfolg, andere nicht. In einigen Fällen entwickelten sich die Schnapsideen sogar so rasant, dass sie die Planung des Projekts quasi unmöglich machten. Und in anderen ist es eben jene Schnapsidee, die bis heute den Gründungsmythos des Unternehmens darstellt. Ideen dieser Art bekommt man nicht, wenn man sich hinsetzt und angestrengt nachdenkt. Es sind Geistesblitze, plötzliche Eingebungen, die auf den richtigen Nährboden fallen. Aber selbst die sensationellste Schnapsidee muss keimen, wachsen und gedeihen. Dafür braucht es Menschen, die bereit sind, ihrer Intuition zu vertrauen und etwas zu wagen.

»Ich empfehle jedem, der etwas verändern möchte: Tu etwas. Geh nicht nur auf eine Demo«, sagt Anastasia. »Wenn du Wandel möchtest, zeig das doch mal anhand eines Produkts oder einer Dienstleistung. Wie stellst du dir den Wandel vor? Nimm mich mit und lass mich mitmachen.«

Ich fühle mich ein klein wenig an mich selbst und meine verworfenen Gründungspläne erinnert. Taten wiegen mehr als Worte, wie es so schön heißt. Wir reden so viel darüber, wie wichtig es ist, etwas zu verändern. Einen Wandel herbeizuführen, Bestehendes infrage zu stellen. Aber die wenigsten tun es auch wirklich. Ich auch nicht. Mein Mut reichte nicht aus, um selbst zu gründen. Deswegen bewundere ich diejenigen, die es getan haben oder immer noch tun, umso mehr.

Und nicht nur bei den Gründungen geht es mir so. Auch wenn ich über Nachhaltigkeit nachdenke, fallen mir jede Menge Gespräche mit Kolleginnen und Kollegen, Bekannten, Freunden und sogar den Mitgliedern meiner Familie ein, die immer wieder betonen, dass sich etwas ändern muss. Was ist denn dieses Etwas, frage ich mich. Die Politik? Das Leben selbst? Die Umstände? Als ich mit Anastasia rede, wird mir klar: Es sind wir, die sich ändern müssen. Wie wir leben, essen, reisen, konsumieren, verbrauchen. Es wird keine göttliche Instanz auf uns herniederscheinen und uns den Weg in eine nachhaltige, faire Zukunft weisen. Auch werden wir nicht eines Morgens aufwachen, und es ist plötzlich einfach alles besser. Oder leichter. Das wird nicht passieren! Dieses Etwas, das sich ändern muss, sind wir. Ich, du, wir alle. Im Beruf, im Privatleben, an der Wahlurne, im Körper wie im Geist.

71 Prozent der Deutschen befürworten einer Umfrage zufolge das vom EU-Parlament beschlossene und seit 2021 geltende Verkaufsverbot von Wegwerfprodukten aus Plastik. 78 Prozent finden, dass Hersteller zur Hilfe beim Recycling von Verpackungen, die sie produzieren, verpflichtet werden müssen.[85] Klingt super – aber es schiebt die Verantwortung wieder einmal auf jemand anderen ab, die Hersteller in diesem Fall, damit unser eigenes Gewissen erleichtert wird. Die Befürworter des Verbots hätten auch von vornherein darauf verzichten können, Produkte in Plastikverpackungen zu erwerben. Das geht – das ging vor 100 Jahren, und heute ist es ebenfalls möglich. Und ja, das hat

einen Preis. Keine Frage, für uns Konsumenten wird es unbequemer, wenn wir die Pizza nicht mehr einfach aus der Tiefkühltruhe holen, sondern den Teig selbst zubereiten und den Belag einkaufen gehen müssen. Es ist fragwürdig, von Firmen ein Umdenken einzufordern, solange wir gleichzeitig nicht selbst lernen, Verantwortung zu übernehmen. Denn was bei Coffee to go beginnt, geht bei unserem Strom- und Wasserverbrauch weiter.

Natürlich gibt es vieles, was man Wirtschaft und Politik vorwerfen kann, denn in den vergangenen Jahrzehnten wurde so vieles versäumt, dass ich mich manchmal frage, wie wir diesen Rückstand jemals wieder aufholen sollen. Trotzdem kann es nicht sein, dass wir selbst maßlos konsumieren und gleichzeitig von der Politik verlangen, dass sie unser Leben nachhaltiger macht – genauso wenig wie die Politik das Thema Nachhaltigkeit zur Privatangelegenheit erklären darf. Alle sind gefragt, alle müssen mitmachen. Und dennoch ist es die Entscheidung jedes Einzelnen, ob er weiterhin für 19,99 Euro mit einem Billigflieger für fünf Tage nach Mallorca fliegen will.

Wir brauchen nicht nur Gesetze, die Flüge, Fleisch und Folienverpackungen teurer machen, die Quoten für Frauen und Behinderte vorschreiben, die Lieferketten transparent machen und erlauben, dass Hafermilch auf der Verpackung auch so genannt werden darf. Wir brauchen auch Menschen, die sich entscheiden. Menschen, die es vorleben. Menschen, die einfach mal machen.

»Wir dürfen nicht darauf warten, dass andere Vorbilder werden, wir müssen sie selbst sein«, sagt Anastasia. »Sonst passiert nichts. Wir sollten so leben, wie wir es von anderen erwarten. Und wenn uns bei diesem Leben etwas fehlt, dann ermutige ich dazu, diese Dinge zu kreieren.«

So wie sie es mit ihrer eigenen T-Shirt-Kollektion getan hat. Das eigentliche Ziel, erzählt Anastasia, war, mit den bedruckten Shirts genug Geld zu sammeln, um eine Kollektion zu produzieren, die aus biozertifizierten Stoffen und fair produziert wird, für stehende und sitzende Menschen. »Wir haben dabei, soweit es ging, inklusiv gearbeitet. Schon allein, dass ich dabei war, ist ja Inklusion«, sagt sie lachend. »Wir haben die T-Shirts in einer Druckerei bedrucken lassen, in der Menschen mit und ohne Behinderung arbeiten. Das war uns wichtig.«

Sie finanzierten sich durch eigene Mittel, arbeiteten wie verrückt, bis zum Umfallen. Und weiter. Da Anastasias Partnerin einen Vollzeitjob neben inkluWAS hatte, reichte die Zeit hinten und vorne nicht. Denn der Verkauf der Shirts war ein Erfolg, von der ersten Minute an. Beinahe ist Anastasia gewillt zu sagen: leider.

»Wir kamen in einen Kreislauf rein. Wenn Bestellungen kamen, hatten wir irgendwann keine Freude mehr dabei, sondern das Gefühl: ›Mist, jetzt müssen wir am Wochenende Sachen packen!‹«

Irgendwann hatten die Gründerinnen mehr Angst vor dem eigenen Erfolg als vor dem Scheitern. »Wir hatten keine Sorge, dass das Geld nicht auf dem Konto landet, sondern dass die Bestellungen Stress verursachen, wir neue Designs rausbringen müssen und so weiter.« Sie wussten, dass sie mit inkluWAS das Potenzial hatten, größer zu werden, auch durch Anastasias Behinderung, die ihnen viel Aufmerksamkeit verschaffte. Doch sie hätten Unterstützung gebraucht. Für eine feste Stelle fehlte das Geld, obwohl Arbeit im Überfluss vorhanden war. Doch eine 450-Euro-Kraft hätte keinen Sinn ergeben, denn nach wenigen Tagen wäre die Arbeitszeit aufgebraucht gewesen. Sie sprachen darüber, vielleicht auf Investorensuche zu gehen, wollten sich aber nicht abhängig machen.

Es folgte grenzenloser Stress, drei, vier Jahre lang, bis Anastasia am Ende ihrer Kräfte ankam. Sie hatten zwar noch viele Ideen übrig, aber die Energie war weg.

»Wenn ich damals gewusst hätte, wie viel Stress es bedeuten wird, hätte ich es niemals gemacht. Andererseits bin ich dankbar, dass ich das nicht wusste. Ich bin froh, dass ich meinem Impuls gefolgt bin und inkluWAS gegründet habe. Ich konnte durch

meine Arbeit viel verändern. Und das gibt mir im Nachhinein
– unabhängig von der Energie, die wir verloren haben – ein gutes
Gefühl.«

Anastasia berichtet von einem Moment an der Supermarkt-
kasse. Sie traf eine Frau in einem Shirt von inkluWAS und sagte
zu ihr: »Cooles Teil!« Und die Frau erzählte begeistert, dass sie
Fan von dem Label sei – denn sie wusste nicht, dass es Anastasias Unternehmen ist. Die Begegnung löste viel in ihr aus. »Das
sind Emotionen, die kannst du nicht erzwingen. Das ist ein großes Geschenk. Denn den Leuten bedeutet dieser Stoff etwas. Die
tragen ihn mit Herz. In diesen Augenblicken spürst du, dass du
weitermachen musst.«

Weitermachen, bis es eben nicht mehr geht. Anastasia begriff,
dass sie nicht mehr konnte. Und dass sie besser auf sich aufpas-
sen musste, auch wegen ihrer Krankheit. Zudem wurde ihr immer klarer, dass sie nicht mehr im Team arbeiten wollte. Nicht
nur wegen der Absprachen, die man zu zweit unweigerlich treffen muss, sondern auch weil ihre Behinderung es ihr nicht möglich macht, immer vollen Einsatz zu zeigen. Sie sprach mit ihrer
Partnerin, dass sie aus inkluWAS aussteigen wolle, die jedoch
wollte allein nicht weitermachen. Und so beschlossen sie schweren Herzens und doch mit einem Gefühl der Erleichterung, das
Unternehmen zu schließen. »Gefühlt haben wir das beide, aber
es hat sich lange keine von uns getraut, es auszusprechen. Es
braucht immer einen Mutigen, der die Dinge verbalisiert.«

Heute arbeitet Anastasia als Coach, vor Corona saß sie auf
vielen Bühnen und hielt Vorträge. Sie schreibt gerade ein Buch
über Mut, Scheitern und Neuanfang. Auf ihrer Website ist zu
lesen: »Ich bin meinen Weg gegangen und gehe ihn noch immer.
Manchmal sind es breite Wege, manchmal schmale, geteerte (das
sind meine Lieblingswege!) und manchmal stehe ich auf einem
großen Platz, der aus Kopfsteinpflaster besteht – das ist dann
Schwierigkeitsgrad 9 von 10. Dort warte ich, bis ich wieder in
voller Kraft bin und weiterziehen kann.«

In diesem Bild von dem Weg, den Anastasia mit ihrem Rollstuhl befährt, steckt so viel über das Scheitern und Weitermachen. Es kann immer passieren, dass sich plötzlich ein Hindernis auftut. Dass der Untergrund zu hart oder zu weich wird, voller Schlaglöcher ist, dass wir stecken bleiben oder ausrutschen oder schlicht und ergreifend nicht weiterwissen. Das heißt aber noch nicht, dass wir umdrehen und aufgeben. Wir suchen Umwege. Machen eine Pause. Bauen Brücken. Fragen andere, die diesen Weg schon gegangen sind. Bitten um Hilfe. Ändern das Transportmittel. Oder die Schuhe.

Für die meisten bedeutet Gründen einen gigantischen Schritt raus aus der Komfortzone, und die Angst vor dem Scheitern ist ein ständiger Begleiter. Diese Ängste werden auch von der Sorge darüber genährt, wie andere uns wahrnehmen. Anastasia sagt in ihrer herrlich trockenen Art: »Ich frage mich manchmal, was dieser Selbstbeschiss soll. Um fünf Uhr morgens auf Social Media, und alle sind am Smoothie zubereiten und Yoga machen. Wieso sagt man nicht auch einfach mal, dass man müde ist und keinen Bock hat? Dass einen das eigene Projekt ankotzt? Am Ende des Tages bin ich Mensch. Und ein Mensch ist nicht durchgehend motiviert. Der ist auch mal müde. Und wütend. Und hat Angst. Und das ist wichtig zu sagen.«

Sie gesteht, dass sie gern Kaffee im Pappbecher kauft, auch wenn sie weiß, dass das nicht besonders nachhaltig ist. Und warum? Weil das der einzige Becher ist, den sie allein hochheben kann. Für Anastasia sind genau das die kleinen Freuden im Alltag: etwas allein können, keine Hilfe brauchen. In solchen Momenten ist die Umwelt für sie zweitrangig – verständlicherweise.

Dennoch liegt ihr der Umweltschutz sehr am Herzen. Sie wünscht sich mehr Transparenz und Ehrlichkeit bei allen Arten von Konsum. Woher kommt das Produkt? Wer war daran beteiligt, zu welchem Anteil? Da steht zwar Fair Trade, aber was bedeutet das genau? Da steht »Wir spenden«, aber wer, wie viel, wann und wie?

»Ich würde das gern sehen«, sagt sie. »Ich würde das gern fühlen. Mein Bauchgefühl soll mir sagen, die verarschen mich nicht. Und von den Konsumentinnen und Konsumenten wünsche ich mir mehr Klarheit darüber, ob sie das Produkt wirklich brauchen.«

Mir fällt der Weltladen ein, in dem ich nach meiner Reise ehrenamtlich gearbeitet habe und für den ich mich heute engagiere, wenn die Zeit zwischen Job und Familie es zulässt. Da gab es sehr viel Transparenz in den Lieferketten, direkten Kontakt zu den Herstellern und tolle Geschichten über die Produkte und Menschen, die an der Herstellung beteiligt waren. Dennoch fand ich seinerzeit nur sehr wenig Dinge im Laden, die ich selbst gern besessen hätte, teilweise erkannte ich noch nicht einmal einen Sinn in den Dingen. Zum Beispiel Dekoobjekte aus alten Blechdosen. Filzohrringe. Schwimmkerzen. Oder Räucherstäbchen in allen Farben und Gerüchen. Immer, wenn ich im Laden hinter der Theke stand, war ich zwar zufrieden, einen Beitrag leisten zu können, ich fragte mich jedoch auch: Wer soll diese Sachen kaufen? Und wozu überhaupt? Nur damit die Person am Ende etwas Gutes getan hat? Warum können nicht alle Dinge des täglichen Gebrauchs gut aussehen und fair hergestellt worden sein? Kann etwas, was cool und sexy ist, nicht gleichzeitig öko und fair sein – und umgekehrt?

Ich meine: Es ist großartig und wichtig, dass es Weltläden gibt. Aber solange sie vor allem die esoterisch-spirituellen Menschen unter uns ansprechen, werden sie eine Randnotiz in den Einkaufsstraßen der Republik bleiben. Und dabei gibt es so viel Potenzial.

Als ich meine Gedanken laut äußere, lacht Anastasia. »Und genau da hast du sie. Die Schnapsidee. Darum geht es! Etwas neu denken und dann neu machen. Wegen Corona stehen doch sicherlich demnächst ein paar Ladenflächen leer. Worauf wartest du noch?«

ENDE ODER
JETZT ERST RECHT!

Seit vielen Jahren lebt ein Großteil der Weltbevölkerung in kapitalistischen Systemen, die auf die Ausbeutung unserer begrenzten und zunehmend knapper werdenden Ressourcen, aber auch auf die ungleiche Verteilung zwischen verschiedenen Bevölkerungsschichten gründen. Dass es so nicht weitergehen kann, sollte uns spätestens jetzt klar sein. Wir stehen am Scheideweg. Die Menschheit wird sich in den kommenden Jahren entscheiden müssen, ob sie so weitermacht wie bisher und die Erde mit an Sicherheit grenzender Wahrscheinlichkeit traumwandlerisch in den Kollaps führt oder ob sie den Kurs ändert – und damit einen Wandel herbeiführt.

Nicht erst seit der Coronakrise wissen wir, dass das Leben, wie wir es kennen, nicht mehr so funktioniert wie bisher. Damit sind nicht nur die Auswirkungen auf die Natur und den Planeten gemeint. Auch der »alte« Arbeitsmarkt ist nicht mehr wiederzuerkennen. Hunderttausende von Stellen sind in den vergangenen Monaten gestrichen worden, viele weitere werden folgen. Angestellte waren über Monate in Kurzarbeit, Selbstständige mussten ihre Unternehmen schließen. Die Zukunft ist so unsicher wie selten zuvor. Zudem werden Globalisierung und Digitalisierung auch in den kommenden Jahren dafür sorgen, dass teure Jobs aus Deutschland ins günstigere Ausland verlegt werden, dass ganze Berufsfelder aussterben oder sich so verändern, dass es viel weniger Menschen für deutlich weniger Stellen braucht. Das bedeutet, dass wir zukünftig stärker darauf angewiesen sein werden, unsere Einkommensquellen selbst zu erschaffen und in die Eigenverantwortung zu gehen. Selbstständigkeit ist in Deutschland zwar grundsätzlich angesehen, allerdings arbeiten hierzulande gerade einmal vier Millionen selbstständig, was in etwa zehn Prozent der Erwerbstätigen entspricht.[86]

Selbstständige sind in der Minderheit. Und genau hier fangen die Probleme an. Als meine Schwester beispielsweise in Hamburg auf der Suche nach einer Wohnung war, gab es nicht nur eine Annonce, in der Interessenten mit Festanstellung klar bevorzugt wurden. Einen Kredit, zum Beispiel für Wohneigentum, würde sie als freischaffende Autorin vermutlich nur bekommen, wenn unsere Eltern für sie bürgen – mit knapp 40 und als voll Erwerbsfähige sind das keine rosigen Aussichten. Auch flucht sie immer wieder über die hohe Einkommenssteuer, die es ihr fast unmöglich macht, konsequent Rücklagen zu bilden, um für die Zukunft vorzusorgen. Selbstständigkeit bringe viele Vorteile, sagt sie immer wieder, doch in Deutschland werde es einem wirklich nicht leicht gemacht, diese Form der Beschäftigung zu wählen.

Unser Land, so kommt es mir vor, ist nicht besonders freundlich zu Selbstständigen und Freiberuflern. Die Steuern sind vergleichsweise hoch, die Finanzierungsbedingungen gerade in den ersten Jahren schwierig – wer nicht aus einem Angestelltenverhältnis kommt und Aufträge mitnimmt oder über ein bequemes Sicherheitspolster verfügt, steht vor dem großen Problem, dass das Unternehmen so schnell wie möglich rentabel sein muss. Es sei denn, man nimmt einen Kredit auf oder sucht sich Investor*innen. Beide Lösungen sind mit Risiken verbunden. Das Coronajahr 2020 hat das noch einmal eindrücklich verdeutlicht, denn viele der Selbstständigen warteten monatelang auf die versprochenen Staatshilfen – oder bekamen sie gar nicht erst, weil sie mit ihrem Unternehmen durchs Raster fielen. Dieser Logik folgend, brachen die Existenz- und Betriebsgründungen im Krisenjahr signifikant ein.[87]

Das ist bedauerlich für die Betroffenen, aber auch ein Problem für unsere Gesellschaft. Denn der Wandel lässt sich nicht aufhalten, egal wie vehement wir uns dagegenstemmen. Die Schere geht immer weiter auseinander, die ewigen Quellen versiegen. Der Wohlstand, den wir unter anderem auch auf dem Rücken anderer Nationen aufgebaut haben, zerbröselt vor unseren Augen wie eine Sandburg bei Sturmflut. Wir werden nicht nur innovativere, kreativere Lösungen für unseren täglichen Bedarf finden müssen, unsere Gesellschaft braucht auch einen soliden Mittelstand, wenn sie zukünftig dieselben Privilegien genießen will wie in der Vergangenheit. Selbstständige, kleine und mittelständische Betriebe können hier eine entscheidende Lücke schließen, die bereits heute klafft. Nicht nur sind sie in der Lage, sich unbürokratisch und flexibel an Begebenheiten anzupassen, oft herrscht in diesen Unternehmensformen auch ein familiärer, persönlicher Umgang miteinander, der einem positiven Arbeitsumfeld mit flachen Hierarchien zuträglich ist.

Möglicherweise hätte ich mich hinsichtlich meiner eigenen Gründung vor zwei Jahren anders entschieden, wenn wir in einer Gesellschaft leben würden, in der Selbstständigkeit und Freiberuflichkeit leichter zu erlangen wären und vom Staat mehr Unterstützung bekämen. Ich bin davon überzeugt, dass wir zukünftig viel mehr Menschen brauchen, die den Schritt wagen und sich genau den Arbeitsplatz selbst kreieren, den sie mit ihrem Lebensmodell, ihren familiären Verhältnissen und ihren Überzeugungen vereinbaren können. Es wäre schön, wenn unser Land diese Pläne durch umfangreiche, nicht nur durch punktuelle Unterstützungsangebote fördern würde. Vor einigen Jahren gab es den Gründungszuschuss vom Arbeitsamt, aus meinem Freundeskreis weiß ich jedoch, dass die Arbeitsvermittler mittlerweile meistens müde abwinken, wenn man danach fragt, und empfehlen, sich das Papier zu sparen, auf dem man die Unterlagen einreicht, da der Zuschuss nur noch selten bewilligt wird. Das ist in meinen Augen der falsche Weg.

Unsere Gesellschaft geht alle an. Wir müssen uns um sie bemühen, wir dürfen sie gestalten. Sich hinsetzen, die Hände in den Schoß legen und den anderen die Verantwortung übertragen, ist ein Leichtes. Sogar dann, wenn es um die eigene Anstellung geht.

Was aber wäre, wenn wir von nun an diese Gesellschaft, deren Teil wir sind, nicht mehr als unbestimmtes, anonymes Irgendwas verstünden, das von Begriffen wie Solidarität und Miteinander umwabert wird, sondern sie aktiv gestalteten? Indem wir selbst dafür Sorge tragen, einen nachhaltigen, sozialverträglichen und fairen Beitrag zu leisten? Vielleicht auch mit dem eigenen Unternehmen? Dieses Land birgt so viele Chancen. In den wenigstens Ländern gibt es so dichte Sicherheitsnetze, landet man so weich, sogar dann, wenn man »scheitert«.

Vor allem damit sollten wir uns auseinandersetzen: mit dem falschen Glauben, dass jede Unternehmung erfolgreich sein muss. Wer von einer Idee überzeugt war, allen Mut zusammengekratzt hat, Tag und Nacht dafür gearbeitet hat und am Ende die Rechnung nicht aufgeht, dann ist das kein Scheitern. Das eint Unternehmensgründungen mit Erfindungen.

Die Schreibmaschine wurde nicht nur von einem Menschen erfunden, es gab viele, die sich an ihr versuchten. 1714 wird der erste Prototyp am englischen Hof getestet, von dem heute nicht mehr viel bekannt ist, Ende des 18. Jahrhunderts erfindet Giuseppe Ravizza das »Schreib-Cembalo« für Blinde, das jedoch so schlecht funktioniert, dass der Erfinder darüber verzweifelt. Zur selben Zeit entwickelt ein gewisser Peter Mitterhofer eine Maschine aus Holz. Er bringt sie zum kaiserlichen Hof nach Wien, stellt sie vor und wird abgewiesen. Seine Erfindung nimmt er, der in Armut stirbt, mit ins Grab. In den USA sind zwei Männer erfolgreicher mit ihrem »Typewriter«, 1863 melden sie das Patent an, die Firma Remington baut die Schreibmaschine in Serie, aus der sich später die Computertastatur entwickeln sollte.[88] Und ohne die können wir uns unser Leben heute kaum noch vorstellen. Aber wie viele Fehlversuche waren dafür nötig? Wie viele Menschen sind darin gescheitert? Trotzdem hat die Schreibmaschine die Welt revolutioniert. Es brauchte all die Fehlversuche, um aus ihnen zu lernen. Genauso war es beim Strom, bei der Glühbirne, bei der Dampflok und bei vielen, vielen anderen Erfindungen, und ja, sie alle waren auch Unternehmensgründungen.

Wir brauchen Menschen in unserer Gesellschaft, die Mut und Initiative zeigen. Die beschließen mitzugestalten, anstatt nur ein Rädchen im Getriebe zu sein. Die Verantwortung für sich und auch für andere übernehmen, vor allem aber für die Gesellschaft, in der wir leben. Die ein Verständnis dafür entwickelt haben, dass unser altes System ausgedient hat. Wir sind dazu aufgefordert, unseren Konsum anders zu denken, unser Leben neu zu definieren und ein vollkommen anderes Verhältnis zu unserer Umwelt zu entwickeln. Grüne Unternehmungen sind mehr als nur ein netter Marketinggag. Sie sind unsere Zukunft. Es liegt in unserer Macht, dass ökologische Initiativen und Förderprogramme mehr Aufmerksamkeit bekommen als die Videos eines bauchrutschenden Pinguins[89] in den sozialen Medien. Wir müssen als Bevölkerung Druck auf unsere Regierung ausüben, damit der europäische Green Deal nicht zu einer Kartenrunde verkommt, bei der sich die EU-Länder gegenseitig den Schwarzen Peter zuschieben.[90] Und wenn die größten DAX-Unternehmen nicht in der Lage sind, selbstständig top qualifizierte Frauen in ihre Führungsetage zu befördern, ja, dann muss eben eine Frauenquote helfen, um den Prozess zu beschleunigen, damit auch wir isländische Verhältnisse bekommen.

Es scheint dem Menschen eigen zu sein, die Verantwortung von sich wegzuschieben. Auch das gehört zum alten System, und auch das dürfen wir ablegen, egal ob »die anderen« einer anderen Nation oder einem anderen Geschlecht angehören oder eine andere Rolle in unserer Gesellschaft einnehmen. So wenig, wie Nachhaltigkeit auf Frauen abgewälzt werden sollte, so wenig darf die Politik das Thema auf den Bürgerinnen und Bürgern abladen – und umgekehrt. In dem neuen System, das ich hoffentlich noch erleben darf und in dem meine Kinder aufwachsen und sich entfalten sollen, wäre es schön, wenn es keinen Unterschied mehr macht, ob man als Frau oder Mann oder diverses Geschlecht geboren wurde, fühlt und lebt. Ich wünsche mir, dass wir alle die Talente und Fähigkeiten, die uns gegeben sind, ausleben können, gleichgültig welche körperlichen oder geistigen Handicaps oder Besonderheiten wir mitbringen. Nur so kann es gelingen, nicht mehr zwischen »uns« und »denen« zu unterscheiden – zwischen Männern und Frauen, zwischen Politiker*innen und Bevölkerung, zwischen Produzent*innen und Konsument*innen.

Ein grünes Unternehmen legt nicht nur Wert auf recyceltes Toilettenpapier. Es stellt alle Beteiligten in den Fokus, fördert eine offene und tolerante Unternehmenskultur, achtet auf die Einhaltung ökologischer Standards, bezieht soziale Aspekte mit ein, fördert alle Geschlechter, die Integration und die Inklusion und erschafft zudem ein Produkt oder eine Dienstleistung mit einem echten Mehrwert.

Ja, das ist verdammt viel verlangt. Aber genau deswegen umso wichtiger.

Grüne Gründungen nehmen in unserer zukünftigen Gesellschaft eine Schlüsselposition ein. Sie sind der Motor des Strukturwandels, aber auch die Mittelschicht von morgen. Oder wie der Green Startup Monitor 2020 es ausdrückt: »Während etablierte Unternehmen stark darin sind, bestehende Produkte zu verbessern, sind es Start-ups, die grundlegende Umweltinnovationen als Pioniere am Markt einführen.«[91]

Das Umweltbundesamt hat ermittelt, dass jährlich etwa 20 000 Unternehmen gegründet werden, »deren Produkte oder Dienstleistungen zu einer umweltfreundlichen und nachhaltigen Wirtschaftsweise in erheblichem Umfang beitragen«[92]. Allerdings nimmt diese Zahl seit dem Höchststand im Jahr 2010 kontinuierlich ab, umso mehr nach dem Krisenjahr 2020. Da wir immer noch nach dem alten Paradigma leben, dass ein Unternehmen schnell wachsen muss, dieses Paradigma mit den meisten Grundsätzen vieler grüner Gründungen aber nicht vereinbar ist, kommen Politik und Gesellschaft nicht darum herum, neue Förderungen für diese Form von Unternehmen zu generieren, die andere Maßstäbe an die Gründungen anlegen: keine schnelle Rendite, kein rasantes Wachstum. Sondern nachhaltige, ökologisch sinnvolle und sozialverträgliche Standards, die im Unternehmen auf allen Ebenen gelebt werden. Damit es jedoch zu keiner Zweiklassengesellschaft bei den Gründungen kommt, dürfen auch die konventionellen Neuunternehmen an ihren ökologischen Fußabdruck und ihre soziale Verantwortung erinnert werden. Grünes Gründen *muss* sich lohnen, wenn es aus der Nische kommen und flächendeckend zu unserer Realität werden soll.

Dabei ist es von immenser Wichtigkeit, dass grüne Unternehmensgründungen von Frauen und Männern gleichermaßen forciert werden. Denn Umweltschutz und eine gerechte Gesellschaft betreffen uns alle. Frauen, so herrscht die Meinung vor, interessieren sich mehr für diese Themen, und tatsächlich stelle auch ich fest, dass in den meisten Haushalten, die ich kenne, die Frauen die treibenden Kräfte hinter veganer Lebensweise, nachhaltigem Konsum und gerechter Verteilung sind. Liegt das daran, dass Frauen wirklich den besseren Rundumblick haben? Oder weil sie die Phasen der Konsolidierung und Stagnation gut überstehen? Oder liegt es eben doch nur an unserer Sozialisation, weil Mädchen in ihrer Empathie gefördert werden, während Jungs lernen, die Ellenbogen auszufahren? Ich vermute, die Wahrheit liegt irgendwo dazwischen. So oder so können Frauen einen beachtlichen Beitrag in dieser neuen, fairen Welt leisten. Die Forschung nennt das den »Female Shift« und ist sich sicher: Die Zukunft des Arbeitsmarktes ist weiblich, unter anderem auch weil heute mehr Frauen als je zuvor einen Hochschulabschluss machen – und häufiger als Männer. Es spielt ebenfalls eine Rolle, dass Frauen vor allem in Umbruchzeiten die besten Aufstiegschancen haben, wie verschiedene Studien mittlerweile belegen konnten.[93] Dass wir vor dem vielleicht größten Umbruch der vergangenen Jahrzehnte stehen, dürfte unbestritten sein.

Doch um mitzugestalten, müssen sich Frauen Gehör und Sichtbarkeit verschaffen – auch mit kleineren Unternehmen, »die langsam, aber solide wachsen und damit krisenfester sind«[94]. Damit erregen sie vielleicht nicht sofort großes Aufsehen und werden nicht zum neuen Star am Start-up-Himmel. Für den Paradigmen- und Systemwechsel sind eben diese Gründungen aber von existenzieller Bedeutung. Wir müssen daher Sorge tragen, dass grüne Gründer*innen stärker in den Fokus rücken, sich besser miteinander vernetzen und unterstützt werden. Das geht über Netzwerke, über Initiativen, über Kongresse, Gesprächsrunden, aber natürlich auch mithilfe von Büchern wie diesem. Wir brauchen Vorbilder. Green Rebels, die zeigen, dass es geht. 13 dieser Vorbilder habe ich bereits getroffen.

Ich hoffe, dass es bald noch viel mehr sein werden.

ZEHN IDEEN FÜR EIN GRÜNES UNTERNEHMEN AB MORGEN

1. Mach dein Produkt oder deine Dienstleistung grün. Egal was es ist.

2. Steige sowohl privat als auch beruflich auf grüne Mobilität um: Lastenrad, E-Auto und Bahn statt Verbrennungsmotor und Flugzeug. Belohne dein Team mit einer Prämie, wenn es dasselbe tut.

3. Ermögliche deinen Mitarbeitenden die Anfahrt an den Urlaubsort mit grünen Transportmitteln, indem du ihnen nach den Ferien bei Vorlage der Zugtickets zwei bezahlte Urlaubstage schenkst.

4. Wechsle zu einer grünen Bank.

5. Organisiere ein veganes Catering einmal die Woche.

6. Beziehe Strom von einem grünen Stromanbieter und ermuntere deine Mitarbeitenden, privat dasselbe zu tun.

7. Stelle ein heterogenes, multikulturelles, inklusives Team aus Experten wie auch Quereinsteigern zusammen.

8. Motiviere die männlichen Mitarbeiter dazu, in Elternzeit zu gehen – und rege deine weiblichen Mitarbeiter dazu an, früher und auch in Teilzeit nach der Geburt wieder einzusteigen.

9. Gehe nachhaltig mit deinen persönlichen Ressourcen um und melde dich krank, wenn es dir mal nicht gut geht, bleibe ohne Druck oder schlechtes Gewissen zu Hause und erhole dich, egal ob bei seelischen oder körperlichen Beschwerden. Gestatte dasselbe deinen Mitarbeitenden – unbürokratisch ohne Krankenschein.

10. Nimm dir Zeit, dich regelmäßig mit deinem Team zusammenzusetzen und ihm zuzuhören, was es zum Thema Nachhaltigkeit beitragen kann und wo Prozesse nachhaltiger gestaltet werden können. Nicht nur die Gründer*innen sollten überlegen, wie das Unternehmen nachhaltiger werden kann, sondern das ganze Team.

Noch mehr Ideen findest du hier:
https://clickatree.com/de/green-business-guide/

DIE GREEN REBELS

Porträts

LOUISA DELLERT startete als Fitness-Influencerin auf Instagram. Nach einem diagnostizierten Herzfehler und einem Urlaub auf Malta, in dem ihr der Plastikmüll des Mittelmeers die Augen öffnete, wandte sie sich den Themen Selbstliebe und Nachhaltigkeit zu und widmet sich mittlerweile hauptberuflich ihrem Wunsch, Wandel zu erzeugen. 2018 gründete sie ihren Onlineshop Naturalou. Louisas Ziel ist es, Politik – besonders für junge Menschen – in die eigenen vier Wände zu transportieren.

louisadellert.com
naturalou.de

IRIS VOSS hatte zehn Jahre Berufserfahrung im Bereich Produktentwicklung in der Leder-, Schuh- und Sportbekleidungsbranche, als sie der Modeindustrie den Rücken kehrte und sich vornahm, zukünftig alles anders zu machen – vor allem besser. 2019 gründete sie das Unternehmen lyttn. Ihre Sitzauflagen aus heimischer Wolle sorgen für das perfekte Wohlgefühl in der Babyschale, sind ökologisch, fair, hochfunktional und wunderschön. Iris' Traum ist, auch in Zukunft ein Produkt zu erschaffen, das Eltern und Kinder erfreut und mit dem sie die Umwelt und die deutschen Schäfer unterstützen kann.

lyttn.de

NATASCHA VON HIRSCHHAUSEN studierte Modedesign und ist Meisterschülerin der Kunsthochschule Berlin Weißensee. 2016 gründete sie ihre eigene Modemarke. Das Zero-Waste-Modelabel »Natascha von Hirschhausen« will mit Mut zum Wandel an die Ursachen der systematischen Probleme der Modeindustrie gehen, statt die Symptome zu bekämpfen. Ihre Kollektionen zeichnen sich durch elegantes, zeitloses und vielseitiges Design aus. Natascha glaubt an eine abfallfreie Zukunft. Ihr Ziel ist ein postkapitalistisches System.

nataschavonhirschhausen.com

CHARLOTTE ERHORN und **CONSTANZE KLOTZ** von Bridge&Tunnel stehen für zweite Chancen. Seit 2015 fertigt das Social-Fashion-Label mitten in Hamburg mit gesellschaftlich benachteiligten Menschen sowie mit Geflüchteten. Beide verbindet das enorme handwerkliche Geschick jenseits von Zeugnissen und Diplomen. Und die Erkenntnis: Wer arbeitet, lernt Menschen kennen. Und wer arbeitet, fühlt sich gebraucht.

Auch die Designs von Bridge&Tunnel erzählen von zweiten Chancen. Denn alle Produkte entstehen aus bereits gebrauchten Jeansstoffen. Im B2B-Bereich verarbeitet das Label für Kund*innen wie Tchibo, Levi's oder Sea Shepherd mittlerweile auch andere textile Reste. Denn hat nicht jede:r im Leben eine zweite Chance verdient? Dafür machen sich Lotte und Conny jeden Tag stark.

bridgeandtunnel.de

CAROLIN KUNERT studierte Industriedesign an der Hochschule in München sowie in Odense an der Syddansk Universitet. 2018 entschied sie sich dazu, Knister Grill zu gründen. Das Unternehmen produziert kompakte und größenverstellbare Picknickgrills, die mit dem Fahrrad transportierbar sind und komplett in Bayern produziert werden. Carolins Wunsch ist es, das Leben der Menschen mit durchdachten, langlebigen und lokal hergestellten Produkten zu erleichtern. Nachhaltige und lokale Produktion sind in ihren Augen die Zukunft der Produktentwicklung und die Verantwortung von Unternehmern des 21. Jahrhunderts.

knister-grill.com

ANTONIA HAMMER wurde im beschaulichen Pforzheim geboren, danach zog es sie in die Welt hinaus: Sie studierte in Wien und arbeitete in Bangkok und Paris bei einer Unternehmensberatung. Sie gründete verschiedene Start-ups und kam 2018 zu share. Das Unternehmen aus Berlin verfolgt das Ziel, Menschen, die wenig haben, durch den Kauf im Supermarkt zu unterstützen, denn jeder konsumierte Artikel von share spendet ein äquivalentes Produkt an einen Menschen in Not. Ihr Traum ist es, dass Kinder und Karriere eines Tages für Frauen genauso wenig ein Hindernis sind wie für Männer.

share.eu

FRANCISKA CSÁSZÁR, FLORIAN GANSEMER und **MARC ROBERT** gründeten im Coronajahr 2020 ihren nachhaltigen Lieferdienst Daily Greens. Ihre wöchentlich wechselnden Gerichte sind ausschließlich vegan, geliefert wird mit dem Fahrrad in Mehrwegverpackungen. Die drei Freunde verfolgen mit ihrem Unternehmen das Ziel, leckere pflanzliche Ernährung mit kleinstmöglichem ökologischen Fußabdruck für alle anzubieten.

daily-greens.de

CLAUDIA MÜLLER studierte VWL und Public Policy, bevor sie sich bei der Deutschen Bundesbank mit internationaler Geldpolitik und dem Schwerpunkt Green Finance beschäftigte. 2018 gründete sie das Female Finance Forum, das Frauen befähigt und ermutigt, ihre Finanzen selbst in die Hand zu nehmen und finanziell unabhängig zu sein – vom Notgroschen auf dem Konto bis zum Investieren an der Börse. Nebenberuflich arbeitet sie seit September 2019 als Investmentmanagerin für nachhaltige Anlagen in einer privaten Vermögensverwaltung. Sie träumt davon, in einer Gesellschaft zu leben, die genauso bunt ist wie alle Menschen, die in ihr leben; Geld ist dabei das Mittel zum Zweck. Sie hofft, dass das Female Finance Forum eines Tages überflüssig wird.

femalefinanceforum.de

MILENA GLIMBOVSKI ist Zero-Waste-Aktivistin. Nach der erfolgreichsten deutschen Crowdfunding-Kampagne des Jahres eröffnete Original Unverpackt, der erste Unverpackt-Laden Berlins, 2014 seine Türen. Die stolze Gründerin ist seitdem Rednerin im Bereich Zero Waste und nachhaltiges Wirtschaften. Durch ihre Bildungsarbeit half sie bereits über 200 Gründer*innen weltweit dabei, ihren eigenen Unverpackt-Supermarkt zu eröffnen. Sie hat zwei Bücher veröffentlicht. Milena erhielt für ihren Verdienst zahlreiche Ehrungen wie die Auszeichnung von Forbes *30 under 30 Europe in 2020* und *Unternehmerin des Jahres 2019* vom Berliner Senat.

original-unverpackt.de

CLAUDIA ALBERT hat in ihrem Leben schon viele Berufe ausgeübt. Nach dem Studium der Pädagogik, Psychologie und Erwachsenenbildung arbeitete die Mutter eines erwachsenen Sohns als Fotografin und Autorin. Den Traum der Selbstständigkeit erfüllte sie sich mit dem japanischen Zakkaya-Store »Kirschblüte« für Design und DIY. Aus den Möglichkeiten dieses eigenen Raums für Kreativität und neue Ideen entwickelte sie eine weitere Leidenschaft, das Eventmanagement. Seit 2013 veranstaltet Claudia mehrmals im Jahr japanische Design- und Kulturevents. 2019 gründete sie moij momente, eine Agentur für nachhaltiges Eventmanagement. Mit ihren Veranstaltungen möchte sie mit Freude, Genuss und Spaß Begeisterung für nachhaltige und kulturelle Themen wecken.

moijmomente.de

Mit 23 gründete **THEKLA WILKENING** mit einer Freundin zusammen die Kleiderei, einen Laden, in dem Kundinnen Kleidungsstücke für eine bestimmte Zeit leihen konnten. Es folgte ein Onlineshop, der von Nutzerinnen aus ganz Deutschland mit großer Begeisterung angenommen wurde. Doch die Kleiderei wuchs zu schnell – und irgendwann den Gründerinnen über den Kopf. Nach der Insolvenz unterstützte Thekla ein vergleichbares Nachfolgeprojekt mit ihrer Expertise. Sie gilt als Fachfrau in Sachen textile Kreislaufwirtschaft und unterstützt mittlerweile das Fraunhofer-Institut im Rahmen des Projekts Wear2Share.

theklawilkening.de

Die promovierte Kulturanthropologin **JOANA BREIDEN-BACH** gründete 2007 das Unternehmen betterplace.org mit, eine Plattform für Hilfsorganisationen, das innerhalb kurzer Zeit zu Deutschlands größter Spendenplattform wurde. Im Thinktank für digital-soziale Innovation betterplace lab erforscht sie, wie man digitale Innovationen mit sozialen Ideen verbinden kann. Ihr größter Wunsch ist eine Digitalisierung im Dienste des Gemeinwohls. 2014 schaffte sie ihren eigenen Chefposten ab und beteiligte sich fortan als Investorin an verschiedenen Start-ups. Sie verfasst Bücher, hält Vorträge und organisiert Meditationsseminare.

betterplace.org
betterplace-lab.org
joanabreidenbach.de

Als ehemalige Sonderschülerin kämpfte sich **ANASTASIA UMRIK** bis zum Abitur durch, um sich den großen Traum eines Universitätsstudiums zu erfüllen. Als sie dann endlich in einer Vorlesung saß, bemerkte sie, dass es nicht ihr Weg war und brach das Studium der Sozialen Arbeit ab. Sie gründete stattdessen ihre eigenen Initiativen und Projekte, so entstanden u.a. das Fotoprojekt »anderStark – Stärke braucht keine Muskeln«, die Modenschau »anderFashion«, bei der Frauen mit und ohne Behinderung die neuste Hamburger Mode präsentierten, sowie das inklusive Designlabel »inkluWAS – design, das denken verändert«. Dann begegnete ihr der Tod, und sie musste entscheiden: Was will ich eigentlich wirklich von meinem Leben?

anastasia-umrik.de

ANMERKUNGEN

1 Tagesschau vom 02.03.2021: »Volvo verabschiedet sich vom Verbrenner«, online: https://www.tagesschau.de/wirtschaft/unternehmen/volvo-daimler-brenn stoffzelle-101.html, abgerufen am 25.03.2021

2 Borderstep Institut für Innovation und Nachhaltigkeit gemeinnützige GmbH/ Bundesverband Deutsche Startups e. V.: »Green Startup Monitor 2020«, https:// deutschestartups.org/wp-content/uploads/2020/04/Green-Startup-Monitor-2020. pdf, abgerufen am 02.02.2021

3 Ebd., S. 7

4 Ebd.

5 »Plastikmüll im Meer – die wichtigsten Antworten«, wwf.de/themen-projekte/ meere-kuesten/plastik/unsere-ozeane-versinken-in-plastikmuell/plastikmuell-im-meer-die-wichtigsten-antworten, abgerufen am 04.03.2021

6 »Plastik in Fisch und Meeresfrüchten«, greenpeace.de/sites/www.greenpeace.de/ files/i03861_greenpeace_flyer_flyer_plastik_in_fisch_20161114.pdf, abgerufen am 04.03.2021, S. 1

7 Stand Januar 2021

8 Plan international: Welt-Mädchenbericht 2020 »Free to be online«, 05.10.2020, plan.de/presse/pressemitteilungen/detail/welt-maedchenbericht-2020-digitale-gewalt-vertreibt-maedchen-und-junge-frauen-aus-den-sozialen-medien.html, abgerufen am 04.03.2021

9 »Der neue Karrierewunsch der Kids: Influencer!«, medienbewusst.de/interaktiv/ traumberuf-influencer, abgerufen am 04.03.2021

10 »Women are the new media«, labs.indahash.com/influencer-marketing-report-international-casestudy, abgerufen am 04.03.2021

11 Geisler, Sara: »Öfter im Shitstorm«, 07.12.2016, fluter.de/Frauen-oefter-Opfer-von-Hate-Speech, abgerufen am 04.03.2021

12 Huber, Joachim: »Männliche Influencer verdienen deutlich mehr auf Instagram«, 21.01.2020, tagesspiegel.de/gesellschaft/medien/frauen-im-nachteil-maennliche-influencer-verdienen-deutlich-mehr-auf-instagram/25457826.html, abgerufen am 04.03.2021

13 Umweltbundesamt: »Umweltbewusstsein in Deutschland«, 11.02.2021, https://www.umweltbundesamt.de/themen/nachhaltigkeit-strategien-internationales/gesellschaft-erfolgreich-veraendern/umweltbewusstsein-in-deutschland, abgerufen am 25.03.2021

14 Umweltbundesamt: »Wer mehr verdient, lebt meist umweltschädlicher. Blinde Flecken oft bei Mobilität und Wohnen«, 04.08.2016, https://www.umweltbundesamt.de/presse/pressemitteilungen/wer-mehr-verdient-lebt-meist-umweltschaedlicher, abgerufen am 25.03.2021

15 Kleinhückelkotten, Silke; Neitzke, H.-Peter; Moser, Stephanie: »Repräsentative Erhebung von Pro-Kopf-Verbräuchen natürlicher Ressourcen in Deutschland (nach Bevölkerungsgruppen)«, Texte 39/2016, April 2016. https://www.umweltbundesamt.de/publikationen/repraesentative-erhebung-von-pro-kopf-verbraeuchen, abgerufen am 25.03.2021

16 Taube, Svenja: »Wolle in Deutschland – ein Wegwerfprodukt?«, https://www.provieh.de/Wolle/Deutschland/Wegwerfprodukt, abgerufen am 25.03.2021

17 »Schafwolle in Europa: ist eine Renaissance in Sicht?«, https://www.myecostay.eu/content-blog/schafwolle-in-europa-ist-eine-renaissance-in-sicht, abgerufen am 25.03.2021

18 »Schafwolle für die Industrie«, https://www.impexmarcu.de/produkte/wolle-fuer-die-industrie, abgerufen am 23.03.2021

19 »Konsumkollaps durch Fast Fashion«, https://greenwire.greenpeace.de/system/files/2019-04/s01951_greenpeace_report_konsumkollaps_fast_fashion.pdf, abgerufen am 23.03.2021

20 »Umweltauswirkungen von Textilproduktion und -abfällen«, 29.12.2020, https://www.europarl.europa.eu/news/de/headlines/society/20201208STO93327/umweltauswirkungen-von-textilproduktion-und-abfallen-infografik, abgerufen am 23.03.2021

21 Gassmann, Michael; Dierig, Carsten: »500 Millionen überflüssige Kleidungsstücke – das Desaster für den Handel ist perfekt«, 07.01.2021, https://www.welt.de/wirtschaft/article223870028/Modebranche-Im-Lockdown-offenbart-sich-die-Gefahr-von-Fast-Fashion.html, abgerufen am 25.03.2021

22 Weiland, Michael: »Eine selbstverschuldete Krise«, 01.02.2021, https://www.greenpeace.de/themen/endlager-umwelt/textilindustrie/eine-selbstverschuldete-krise, abgerufen am 25.03.2021

23 Reinhold, Kirsten: »Drei Viertel der Verbraucher wollen ein Lieferkettengesetz«, 15.09.2020, https://www.textilwirtschaft.de/business/news/umfrage-von-infratest-im-auftrag-von-germanwatch-drei-viertel-der-verbraucher-wollen-ein-lieferkettengesetz-227314?crefresh=1, abgerufen am 25.03.2021

24 Bundesministerium für wirtschaftliche Zusammenarbeit und Entwicklung: »Mehr Fairness in globalen Liefer- und Wertschöpfungsketten«, https://www.bmz.de/de/themen/lieferketten/index.html, abgerufen am 25.03.2021

25 »Textilindustrie: Lieferketten-Gesetz gefährdet Existenz von Firmen«, 18.04.2019, https://de.fashionnetwork.com/news/Textilindustrie-lieferketten-gesetz-gefahrdet-existenz-von-firmen,1090747.html, abgerufen am 26.03.2021

26 »Konsumkollaps durch Fast Fashion«, https://greenwire.greenpeace.de/system/files/2019-04/s01951_greenpeace_report_konsumkollaps_fast_fashion.pdf, abgerufen am 23.03.2021. Weltweit werden pro Jahr 5,2 Milliarden Textilien entsorgt, davon wird nur ein Bruchteil als Kleidungsstück weiterverkauft und verwendet.

27 Tillessen, Carl: Konsum – Warum wir kaufen, was wir nicht brauchen. HarperCollins, 2020. S. 18

28 Tillessen, ebd., S. 24

29 Foodwatch: »Bio-Branche: Zahlen, Daten, Fakten«, letzte Änderung: 10.07.2020, https://www.foodwatch.org/de/informieren/bio-landwirtschaft/zahlen-daten-fakten/, abgerufen am 23.03.2021

30 Unter dem Begriff Crowdfunding finanzieren eine Vielzahl an Geldgebern mit kleineren Summen ein Projekt. Eine Crowdfunding-Beteiligung ist mit einer Spende vergleichbar. Als Gegenleistung erhalten Geldgeber meist Sachgüter oder bestimmte, projektbezogene Privilegien. (Quelle: Verbraucherzentrale, »Crowdfunding: so funktioniert die Schwarmfinanzierung«, 01.07.2019, https://www.verbraucherzentrale.de/wissen/geld-versicherungen/sparen-und-anlegen/crowdfunding-so-funktioniert-die-schwarmfinanzierung-6670, abgerufen am 23.03.2021)

31 Bundesverband Deutsche Startups e. V.: »Female Founders Monitor 2020«, https://femalefoundersmonitor.de/wp-content/uploads/FemaleFounders Monitor_2020.pdf, S. 6, abgerufen am 22.03.2021

32 Ebd., 10.05.2021, S. 40

33 Anteil von Frauen und Männern in verschiedenen Berufsgruppen in Deutschland am 30. Juni 2019, https://statistik.arbeitsagentur.de/Statistikdaten/Detail/ Aktuell/iiia6/beschaeftigung-sozbe-kldb2010-zeitreihe/kldb2010-zeitreihe-d- 0-xlsx.xlsx, abgerufen am 23.03.2021

34 Borderstep Institut für Innovation und Nachhaltigkeit gemeinnützige GmbH/ Bundesverband Deutsche Startups e. V.: »Green Startup Monitor 2020«, https:// deutschestartups.org/wp-content/uploads/2020/04/Green-Startup-Moni- tor-2020.pdf, S. 24, abgerufen am 02.02.2021

35 Ebd., S. 37

36 »Grüne Start-up Gründerinnen – ein seltenes Phänomen?«, https://start-green. net/aktuelles/nachrichten/grune-start-grunderinnen-ein-seltenes-phanomen/, abgerufen am 18.01.2021

37 »UN-Report: Weltweit leiden rund 690 Millionen Menschen an Hunger«, 13.07.2020, https://www.unicef.de/informieren/aktuelles/presse/2020/un-report- nahrungssicherheit-hunger/221914, abgerufen am 19.01.2021

38 Bundesministerium für Ernährung und Landwirtschaft, »Lebensmittelabfälle in Deutschland: Neue Studie über Höhe der Lebensmittelabfälle nach Sektoren«, 15.03.2021, https://www.bmel.de/DE/themen/ernaehrung/lebensmittelver schwendung/studie-lebensmittelabfaelle-deutschland.html, abgerufen am 23.03.2021

39 Credit Suisse Research Institute: Global Wealth Report 2020, Oktober 2020, https://www.credit-suisse.com/about-us/en/reports-research/global-wealth- report.html, abgerufen am 02.02.2021

40 Stocker, Frank: »Wo die großzügigsten Menschen leben«, 17.10.2019, https://www.welt.de/finanzen/article201972188/Globales-Spendenverhalten-Wo- die-grosszuegigsten-Menschen-leben.html, abgerufen am 14.01.2021. Original- quelle: CAF World Giving Index 2018, A global view of giving trends, Oktober 2018, https://www.cafonline.org/docs/default-source/about-us-publications/ caf_wgi2018_report_webnopw_2379a_261018.pdf?sfvrsn=c28e9140_4

41 Wilhelm, Hannah; Willmroth, Jan: »Psychologie des Spendens: Mit Herz – aber ohne Verstand«, 23.11.2014, https://www.sueddeutsche.de/geld/psychologie-des- spendens-mit-herz-aber-ohne-verstand-1.2231093, abgerufen am 04.02.2021

42 »Faktencheck: Spenden – wie viel Geld kommt an?«, 08.01.2019, https://www. zeit.de/news/2019-01/08/faktencheck-spenden-wie-viel-geld-kommt-an-181128-99-998881?utm_referrer=https%3A%2F%2Fwww.google.com%2F, abgerufen am 15.01.2021

43 »Social Entrepreneurship: Gründen für das Gemeinwohl«, https://www.fuer-gruender.de/wissen/geschaeftsidee-finden/how-to-startup/social-entrepreneurship/, abgerufen am 02.02.2021

44 Ebd.

45 Jungreis, Max: »Pitch-Analyse: Gründerinnen haben bei Investoren schlechtere Karten«, 12.09.2020, https://www.businessinsider.de/wirtschaft/startups/studie-zeigt-investoren-schrecken-haeufig-zurueck-wenn-sie-erfahren-dass-ein-startup-von-frauen-geleitet-wird/, abgerufen am 04.03.2021

46 »Nur vier Prozent aller Start-ups in Deutschland werden von Frauen gegründet«, 11.09.2019, https://www.bcg.com/de-de/press/09September2019_PM_Diversity_Startups_DE, abgerufen am 04.03.2021

47 »Personen in Deutschland, die sich selbst als Veganer einordnen oder als Leute, die weitgehend auf tierische Produkte verzichten, in den Jahren 2015 bis 2020«, Juli 2020, https://de.statista.com/statistik/daten/studie/445155/umfrage/umfrage-in-deutschland-zur-anzahl-der-veganer/, abgerufen am 01.03.2021

48 »Anzahl der Personen in Deutschland, die sich selbst als Vegetarier einordnen oder als Leute, die weitgehend auf Fleisch verzichten*, von 2007 bis 2020«, Juli 2020, https://de.statista.com/statistik/daten/studie/173636/umfrage/lebenseinstellung-anzahl-vegetarier/, abgerufen am 01.03.2021

49 »Veganz Ernährungsstudie 2020«, https://veganz.de/blog/veganz-ernaehrungs studie-2020/, abgerufen am 01.03.2021

50 Terpitz, Katrin: »Rügenwalder Mühle: Veggie-Fleisch überholt erstmals klassische Wurst«, 27.08.2020, https://www.handelsblatt.com/unternehmen/handel-konsumgueter/ceo-michael-haehnel-ruegenwalder-muehle-veggie-fleisch-ueberholt-erstmals-klassische-wurst/26128214.html?ticket=ST-227852-4HIOHbGyGyYzoeNhGnBT-ap4, abgerufen am 02.03.2021

51 »Jede(r) Zweite von Altersarmut bedroht«, https://frauen.verdi.de/themen/rente/++co++fd205042-62ef-11e7-8961-525400afa9cc, abgerufen am 11.05.2021

52 Business Angels sind Personen, die jungen Unternehmen nicht nur mit Eigenkapital, sondern auch mit Managementerfahrung und Businesskontakten beratend zur Seite stehen. (Quelle: »Business Angels«, https://www.gruender

service.at/site/gruenderservice/planung/Business_Angels.html, abgerufen am 26.03.2021)

53 Bundesministerium für Familie, Senioren, Frauen und Jugend: »Kinder, Haushalt, Pflege – wer kümmert sich? Ein Dossier zur gesellschaftlichen Dimension einer privaten Frage«, https://www.bmfsfj.de/resource/blob/160276/b36250ea4b12a2a05550ac850e845a1e/kinder-haushalt-pflege-wer-kuemmert-sich-dossier-sorgearbeit-deutsch-data.pdf, S. 31, abgerufen am 25.03.2021

54 Ebd.

55 »Elterngeld 2018: Fast 24 % aller Beziehenden waren Väter«, https://www.destatis.de/DE/Presse/Pressemitteilungen/Zahl-der-Woche/2019/PD19_22_p002.html, abgerufen am 25.03.2021

56 KfW Research: »KfW-Gründungsmonitor 2020«, Juli 2020, https://www.kfw.de/PDF/Download-Center/Konzernthemen/Research/PDF-Dokumente-Gr%C3%BCndungsmonitor/KfW-Gruendungsmonitor-2020.pdf, abgerufen am 22.03.2021

57 Bundesverband Deutsche Startups e. V.: »Female Founders Monitor 2020«, https://femalefoundersmonitor.de/wp-content/uploads/FemaleFoundersMonitor_2020.pdf, S. 25, abgerufen am 22.03.2021

58 Oxfam Deutschland e. V.: »Das Ungleichheitsvirus. Wie die Corona-Pandemie soziale Ungleichheit verschärft und warum wir unsere Wirtschaft gerechter gestalten müssen«, Januar 2021, https://www.oxfam.de/system/files/documents/oxfam_factsheet_ungleichheitsvirus_deutsch.pdf, abgerufen am 22.03.2021

59 UN Woman Deutschland: »Corona: Eine Krise der Frauen«, Stand Januar 2021, https://www.unwomen.de/aktuelles/corona-eine-krise-der-frauen.html, abgerufen am 02.02.2021

60 Bertelsmann Stiftung: »Corona: Traditionelle Aufgabenverteilung im Haushalt belastet Frauen stark«, 03.12.2020, https://www.bertelsmann-stiftung.de/de/themen/aktuelle-meldungen/2020/dezember/corona-traditionelle-aufgabenverteilung-im-haushalt-belastet-frauen-stark, abgerufen am 23.03.2021

61 https://de.wikipedia.org/wiki/Earth_Overshoot_Day

62 Es gibt nicht nur den globalen Welterschöpfungstag, sondern auch Berechnungen für einzelne Länder. Deutschland hatte 2021 bereits am 5. Mai seine Ressourcen erschöpft, die die Natur innerhalb eines Jahres wiederherstellen könnte, Luxemburg am 15. Februar, und trauriger Spitzenreiter war Katar am 9. Februar, https://germanwatch.org/de/overshoot und https://www.tageblatt.lu/headlines/luxemburg-hat-am-montag-den-overshoot-day-erreicht/, Artikel vom 15.02.2021, beide abgerufen am 11.05.2021

63 Online Lexikon für Psychologie und Pädagogik: »Negativitätsbias«, https://lexikon.stangl.eu/23062/negativity-bias-negativitaetsbias, abgerufen am 31.01.2021

64 Baumeister, Roy; Tierney, John: »Die Macht des Schlechten: Der Negativitätseffekt«, 12.07.2020, https://www.spektrum.de/leseprobe/die-macht-des-schlechten-der-negativitaetseffekt/1750078, abgerufen am 31.01.2021

65 Verband der Veranstaltungsorganisatoren e. V. (VDVO): »Aufruf zur Förderung einer nachhaltigen Veranstaltungswirtschaft«, 13.10.2020, letztes Update 27.10.2020, https://vdvo.de/nachricht/news/aufruf-zur-foerderung-einer-nachhaltigen-veranstaltungswirtschaft/, abgerufen am 30.01.2021

66 https://alarmstuferot.org/

67 Kipping, Julia: »Veranstaltungsbranche in Not: ›Wir kämpfen täglich ums Überleben‹«, 19.12.2020, https://www.suedkurier.de/ueberregional/wirtschaft/veranstaltungsbranche-in-not-wir-kaempfen-taeglich-ums-ueberleben;art416,10674849, abgerufen am 31.01.2021

68 Kleiderkreisel heißt heute Vinted.

69 Riedel, Annette: »Ökobilanz der Textilindustrie: ›Fast Fashion‹ um jeden Preis?«, 05.07.2019, https://www.deutschlandfunkkultur.de/oekobilanz-der-textilindustrie-fast-fashion-um-jeden-preis.1083.de.html?dram:article_id=452816, abgerufen am 02.01.2021

70 »Kundin findet Etikett: Erschütternder Hilferuf in Kleid von Primark eingenäht«, aktualisiert am 05.04.2016, https://www.focus.de/kultur/mode/zwischen-die-etiketten-genaeht-frau-findet-hilfeschrei-einer-naeherin-im-primark-kleid_id_3942759.html, abgerufen am 02.01.2021

71 sogenanntes Codesharing, bei dem zwei oder mehrere Fluggesellschaften einen Linienflug unter einer jeweils eigenen Flugnummer anbieten

72 Umweltbundesamt: »Umweltvorteile von Car-Sharing«, 25.03.2020, https://www.umweltbundesamt.de/themen/verkehr-laerm/nachhaltige-mobilitaet/car-sharing#umweltvorteile-von-car-sharing, abgerufen am 03.03.2021

73 Bodenheimer, Miriam: »Warum mieten Frauen Kleidung – und warum nicht?«, 30.06.2020, https://www.isi.fraunhofer.de/de/blog/2020/wear2share.html, abgerufen am 11.04.2021

74 Greenpeace: »Fact Sheet Waschtest Plastikfasern. Polyester – Eine Plastikfaser geht um die Welt«, https://greenpeace.at/assets/uploads/publications/presse/Fact%20Sheet_Waschtest%20Plastikfasern.pdf, abgerufen am 19.03.2021

75 Disselkamp, Marcus: »Warum so viele Startups scheitern!«, 08.09.2020, https://www.4investors.de/nachrichten/boerse.php?sektion=stock&ID=145726, abgerufen am 15.03.2021

76 Heuberger, Sarah: »Gründerinnen-Studie. Keine Änderung in Sicht – die Startup-Szene bleibt männlich«, 30.06.2020, https://www.businessinsider.de/gruenderszene/business/female-founders-monitor/, abgerufen am 16.03.2021

77 »Nachhaltigkeit«, https://www.wir-leben-nachhaltig.at/aktuell/detailansicht/nachhaltigkeit/, abgerufen am 22.03.2021

78 Bundesverband Deutsche Startups e. V.: »Female Founders Monitor 2020«, https://femalefoundersmonitor.de/wp-content/uploads/FemaleFoundersMonitor_2020.pdf, S. 26, abgerufen am 22.03.2021

79 Ebd., S. 41

80 Cordis Forschungsergebnisse der EU: »Führende Frauen: Laut einer Studie haben von Frauen regierte Länder COVID-19 besser bewältigt«, letzte Aktualisierung: 27.08.2020, https://cordis.europa.eu/article/id/422016-trending-science-leading-ladies-women-led-countries-coped-better-with-covid-19-study-says/de, abgerufen am 26.03.2021

81 »Tschüss sozialer Aufstieg: Warum es vielen Millennials schlechter geht als ihren Eltern«, 14.04.2019, https://www.stern.de/neon/vorankommen/finanzen/millennials-geht-es-schlechter-als-der-generation-ihrer-eltern-8666684.html, abgerufen am 02.03.2021

82 Berkana Institute: »Two Loops System Change Model«, https://www.dnr.de/sozial-oekologische-transformation/info-quellen/transformationsmodelle/berkana-institute-two-loops-system-change-model/, abgerufen am 25.03.2021

83 Instrument für feine thermometrische Beobachtungen

84 Gerät zur Messung der mechanischen Kraft des Schalls

85 »Konsumenten erwarten nachhaltige Verpackungen«, 11.12.2019, https://www.umweltdialog.de/de/wirtschaft/businesscase/2019/Konsumenten-erwarten-nachhaltige-Verpackungen.php, abgerufen am 04.03.2021

86 »Jeder Zehnte in Deutschland ist selbstständig«, 23.03.2020, https://www.zeit.de/wirtschaft/2020-03/freiberufler-selbstständigkeit-handwerk-arbeitsmarkt?utm_referrer=https%3A%2F%2Fwww.google.com%2F, abgerufen am 01.03.2021

87 »Gründungen gehen deutlich zurück«, 24.08.2020, https://www.spiegel.de/wirtschaft/unternehmen/coronavirus-gruendungen-von-unternehmen-gehen-

deutlich-zurueck-a-5a2a632b-0815-41ac-b599-8dfaaec45780, abgerufen am
05.03.2021

88 »23. Juni 1868 – Patent auf die erste brauchbare Schreibmaschine«, 23.06.2018,
https://www1.wdr.de/stichtag/stichtag-schreibmaschine-100.html, abgerufen am
28.02.2021

89 Grimm, Fred: »Fantasie und Tüftlergeist«, 01.02.2021, https://schrotundkorn.de/
leben/fantasie-und-tueftlergeist, abgerufen am 28.02.2021

90 Götze, Susanne: »Alle wollen das Klima retten – aber niemand will was tun«,
15.02.2021, https://www.spiegel.de/wissenschaft/mensch/hoeheres-eu-klimaziel-
wie-lassen-sich-die-neuen-einsparungen-erreichen-a-476f41d1-674f-4129-906a-
f357ba4d892f, abgerufen am 15.02.2021

91 Borderstep Institut für Innovation und Nachhaltigkeit gemeinnützige GmbH/
Bundesverband Deutsche Startups e. V.: »Green Startup Monitor 2020«, https://
deutschestartups.org/wp-content/uploads/2020/04/Green-Startup-Monitor-
2020.pdf, S. 5, abgerufen am 02.02.2021

92 Umweltbundesamt: »Bedeutung und Förderung grüner Gründungen. Ein Beitrag
zur Weiterentwicklung der deutschen Umweltinnovationspolitik. Umwelt,
Innovation, Beschäftigung«, 04/2019, S. 5

93 Hollstein, Miriam: »Der Aufstieg der Frauen ist unaufhaltsam«, 05.09.2013,
https://www.welt.de/politik/deutschland/article119746285/Der-Aufstieg-der-
Frauen-ist-unaufhaltsam.html?cid=onsite.onsitesearch, abgerufen am
03.03.2021

94 »Grüne Start-up Gründerinnen – ein seltenes Phänomen?«, https://start-green.
net/aktuelles/nachrichten/grune-start-grunderinnen-ein-seltenes-phanomen/,
abgerufen am 18.01.2021

DANKSAGUNG

Ich danke meiner wunderbaren Co-Autorin und Schwester Lisa. Ohne dich hätte ich weder die Reise noch dieses Buch jemals gemacht. Du bist mein größter Impulsgeber und mein bester Coach. Dieses Buch hat – trotz all der Arbeit – sehr viel Spaß gemacht. Neben dem großartigen und wichtigen Thema bist du einer der Gründe dafür.

An meine Eltern: Auch wenn eure Art zu leben so gar nichts mit Minimalismus oder Veganismus zu tun hat – ich liebe euch trotzdem. Ihr habt mir viele Werte vorgelebt, nach denen ich heute handle. Ihr habt mich dazu erzogen, mit offenen Augen durch die Welt zu gehen, und mich immer darin unterstützt, mir meine Träume zu erfüllen. Danke dafür!

Ein großer Dank gilt auch Nannette Elke, die uns verrücktes Schwesternduo ins Programm aufgenommen hat – auch wenn ein oder mehr Gläser Gin Tonic bei der Entscheidung mit im Spiel waren. Ich hoffe, dass es das Buch geworden ist, dass du dir im Programm gewünscht hast, und dass es den für ihn vorgesehenen Platz auch einnimmt. Eva Wallbaum danke ich für das umsichtige Lektorat und die Betreuung im Schreibprozess.

Natürlich danke ich allen Green Rebels, die an diesem Buch mitgewirkt haben. Danke für eure Ehrlichkeit, eure Zeit, eure Gedanken und Erfahrungen. Unsere Gespräche waren oft lustig, hatten aber auch nachdenkliche Momente. Ihr all seid tolle

Gründer*innen mit bewegenden, individuellen Geschichten, und es war höchste Zeit, sie zu erzählen. Ich hoffe, dass ihr noch viele andere Menschen zum Gründen und zum Weltverändern inspiriert.

Zuletzt danke ich meinen beiden Jungs: meinem Freund Justus, der mich neuzeitliche Ökoenthusiastin in allen nachhaltigen Anwandlungen unterstützt – egal ob vegane Ernährung oder Zero Waste. Und ich danke meinem Sohn Mats, der unbedingt vor dem Abgabetermin des Manuskripts auf die Welt kommen wollte. Ich hoffe, dass du es mir nicht eines Tages übelnimmst, dass du Stoffwindeln getragen hast, deine komplette Ausstattung von deinem Cousin geliehen war und du meinen selbst gekochten Brei essen musstest. Du bist für mich der wichtigste Grund, warum sich in dieser Welt etwas ändern muss.